JULIUS LOEWENSTEIN

SCHLAGFERTIGKEIT

— NIE MEHR SPRACHLOS! —

Wie Sie mit Hilfe effektiver Gesprächstechniken sicher argumentieren, schwierige Situationen souverän meistern und jederzeit schlagfertig kontern

Bibliographische Information der Deutschen Nationalbibliothek:
Die Deutsche Nationalbibliothek verzeichnet diese Publikation in der deutschen Nationalbibliographie; detaillierte bibliographische Daten sind im Internet über http://dnb.dnb.de abrufbar.

Originale Erstauflage: April 2019

Haftung für externe Links

Coverbild: iconspro; Shutterstock

Druck / Auslieferung: Amazon oder eine Tochtergesellschaft

Herausgeber: J. Loewenstein Media GmbH, Ericusspitze 4, 20457 Hamburg

Webseite: www.loewenstein-medien.de | **Kontakt:** info@loewenstein-medien.de

Independently published | ISBN: 978-1093695465

INHALT

Vorwort

Warum ein Buch über Schlagfertigkeit?

Schlagfertigkeit ist eine der wichtigsten kommunikativen Fähigkeiten unserer Zeit: Immer wieder sind wir vor Situationen gestellt, in denen wir schwierige Gesprächspartner überzeugen und wortgewandt auf herausfordernde, humorvolle oder auch unfaire Äußerungen unserer Mitmenschen reagieren müssen.

Wo unsere Vorfahren aus der Steinzeit Streitereien untereinander noch mit ihren Fäusten austrugen und rohe Gewalt die Lösung auf die meisten Probleme schien, ist heutzutage kommunikatives Geschick und Menschenkenntnis gefragt, wenn wir ein Ziel erreichen, einen Mitmenschen für uns gewinnen oder einfach erfolgreich Gespräche führen möchten.

Ob auf der Arbeit oder im Privaten – Schlagfertigkeit ist hierfür der Schlüssel. Schlagfertigkeit ist nichts weiter als die Fähigkeit, unangenehme zwischenmenschliche Situationen spontan und souverän zu meistern – verbal natürlich.

Der Anspruch dieses Buches ist, Ihnen anhand ganz konkreter Beispiele und prägnanter, praktischer Tipps zu zeigen, wie Sie Ihre Schlagfertigkeit verbessern können. Das Buch richtet sich an alle, die sich wünschen, schlagkräftiger argumentieren zu können, zu der richtigen Zeit die richtigen Worte zu finden und Widerständen selbstsicher zu begegnen. Sie lernen hier unter anderem, wie Sie sich bestmöglich auf Situationen vorbereiten, in denen Schlagfertigkeit gefordert ist, wie Sie in schwierigen Gesprächen zu der richtigen Strategie greifen und wie Sie unfaires Verhalten Ihrer Gesprächspartner clever für sich nutzen und Konflikte zu Ihren Gunsten entscheiden.

Die hier im Buch genannten Tipps sollen Ihnen dabei dienen, Ihre Kommunikation zu verbessern, selbstbewusster zu werden und keine Angst mehr vor Sprachlosigkeit zu haben.

In diesem Buch wird neben dem Argumentieren, Reden und schlagfertigen Kontern auch kreatives Denken und selbstbewusstes Auftreten geübt. Damit Sie nicht nur mit Ihren Worten ins Schwarze treffen, sondern Ihre Aussagen auch mit der passenden Intonation und Körpersprache untermauern. So erhöhen Sie

Ihre Chancen signifikant, in Ihrer Kommunikation die Resultate zu erzielen, die Sie sich wünschen.

Das Buch wird Ihnen also sowohl konkrete Fertigkeiten vermitteln als auch Einsichten und Gedankenanstöße für die Entwicklung Ihrer Persönlichkeit mitgeben. Denn Einsichten und Anstöße sind der erste Schritt für nachhaltige Veränderungen. Veränderungen, die Sie zu dem Menschen machen, der Sie gern sein möchten.

Durchsetzungsstark, schlagfertig, selbstbewusst – machen Sie sich mit mir auf eine Reise, auf der wir gemeinsam an Ihren kommunikativen und persönlichen Zielen arbeiten und Sie hin zu einer stärkeren Persönlichkeit entwickeln. Einer Persönlichkeit, die ihre Mitmenschen durch Schlagfertigkeit und Spontaneität zu beeindrucken und für sich zu gewinnen weiß.

März 2019, Hamburg
Julius C. Loewenstein

Einleitung: Was ist Schlagfertigkeit?

»Schlagfertigkeit ist etwas,
worauf man erst 24 Stunden später kommt.«
— Mark Twain

Vielleicht kommt Ihnen diese Situation bekannt vor: Sie befinden sich einem angespannten Gespräch oder gar einer hitzigen Diskussion. Soeben hat Ihr Gesprächspartner etwas gesagt, womit Sie überhaupt nicht einverstanden sind. Sie fühlen sich durch seine Worte persönlich angegriffen. Womöglich hat man *bewusst* versucht, Sie zu provozieren oder zumindest aus der Ruhe zu bringen. Ausgerechnet in diesem Augenblick fällt Ihnen leider keine geeignete Bemerkung ein, um diesen verbalen Angriff *schlagfertig* zu kontern.

Erst Stunden später, die Diskussion ist schon lange vorbei, wissen Sie plötzlich, was Sie hätten sagen können. Aber jetzt ist es leider zu spät.

Die Fähigkeit, die Sie in jener Situation gebraucht hätten, ist die *Schlagfertigkeit*. Sie ist die Kunst, im richtigen Moment das Richtige zu sagen und möglichst spontan und treffend auf etwas einzugehen. Anstatt sich lange über passende Antwortmöglichkeiten den Kopf zu zerbrechen, geht es bei der Schlagfertigkeit darum, schnell zu reagieren und sofort eine bestimmte Äußerung zu kontern. Eine solche Reaktion oder Antwort kann dann auch überraschend ausfallen. Voraussetzungen sind hierfür **Spontaneität** und **Kreativität**, sowohl auf gedanklicher als auch auf sprachlicher Ebene.

Schlagfertigkeit ist eine Form von Kreativität. Denn Kreativität bedeutet nichts anders, als sich von üblichen Denkmustern zu befreien und neue, originelle Ideen zu entwickeln. Jener Einfallsreichtum ist es, der allzu oft zu sehr erstaunlichen Ergebnissen, Einsichten und Problemlösungen führt.

Viele würden behaupten, zu den kreativen Persönlichkeiten zählt nur eine bestimmte Gruppe von Menschen, Künstler zum Beispiel. Diese gelten schließlich als Genies, die ihrer Kreativität wegen meisterhafte Kunstwerke und Musikstücke hervorzaubern. Dabei trägt ein jeder von uns eine Form von Kreativität in sich. Kreativität ist nicht nur der einmalige geniehafte Einfall, der sofort ein Problem löst. Sie zeigt sich auch in den vielen kurzen Momenten des Lebens.

Vielmehr ist unter Kreativität die **Freiheit** zu verstehen, seinen Gedanken freien Lauf zu lassen und zu sehen, was dabei *entsteht*. Zumal neue Ideen erst aufkommen, wenn Sie sich im Vorhinein Informationen aneignen. Das Gehirn funktioniert zusammengefasst so: Es verarbeitet das bereits Vorhandene und bildet daraus neue Zusammenhänge, die wir dann Ideen nennen.

Insofern ist *jeder* von uns ein Kreativer. Denn die Eigenschaft der Kreativität tragen wir alle in uns. Bestimmt können auch Sie sich an einen Moment in Ihrem Leben erinnern, in dem Sie einen brillanten Einfall hatten. Vielleicht kam es Ihnen in dem Moment wie ein Gedankenblitz vor, doch war es der unbewusste Denkprozess, der im Hintergrund Ihres Gehirnes stattfand, bis es irgendwann klick machte.

So ist es auch nichts anderes mit der Schlagfertigkeit. Die zündende Idee, in diesem Fall eine schlagkräftige Reaktion auf eine Aussage Ihres Gegenübers, ist nichts weiter als das Produkt unseres unterbewussten Denkens, das oftmals erst nach einiger Zeit zum Ausdruck kommt. Angesichts dieser Tatsache könnte man meinen, dass einige Menschen von Natur aus einfach schneller reagieren und ein Talent für kreative und schlagfertige Antworten haben.

Vielleicht mag das auch stimmen. Manche sind wohl besser veranlagt als andere, wenn es auf verbale Geschicklichkeit ankommt. Und auch werden einige durch günstige Bedingungen in der Kindheit einen ausgeprägteren Sinn für Kommunikation, Rhetorik und Schlagfertigkeit haben als andere.

Was aber auf keinen Fall heißen soll, dass man Schlagfertigkeit nicht erlernen kann! Denn wie bei vielem im Leben kann man durch beständiges Lernen und gewissenhaftes Anwenden von Wissen Resultate erzielen und Veränderungen herbeiführen, die man vorher gar nicht für möglich gehalten hat. Unabhängig von Alter, Geschlecht, Herkunft oder dergleichen.

Ich behaupte: Jeder kann sich die Fähigkeit der Schlagfertigkeit aneignen und zu einem Schlagfertigkeitsprofi werden. Man muss es nur wollen, wissen, wie es geht, und natürlich das neu erworbene Wissen in die Tat umsetzen.

Dieses Buch soll Ihnen dieses Wissen und die dazu notwendigen Mittel an die Hand geben. Sie lernen, wie Sie Schritt für Schritt Ihre Schlagfertigkeitskünste spielerisch verbessern, indem Sie Ihre Kreativität trainieren. Sie lernen, wie Sie mithilfe effektiver Gesprächstaktiken in hitzigen Debatten und verbalen Auseinandersetzungen fortan die Oberhand behalten – oder diese auf subtilem Wege auflösen und entspannen.

Dabei geht es zwar vordergründig um **Konfliktsituationen**. Denn gerade in diesen wünscht man sich häufig eben jene Fähigkeit: schlagfertig zu reagieren, sich gekonnt zu verteidigen und an der einen oder anderen Stelle in die Offensive zu gehen. Doch Schlagfertigkeit ist viel mehr als das. Auch in alltäglichen, konfliktfreien Situationen schadet eine Portion Schlagfertigkeit nie. Wer zum Beispiel auf ein Date geht, kann beim Gegenüber mit spontanen, lustigen Sprüchen punkten – oder gleich die Partnerin oder den Partner mit einer raffinierten Äußerung beeindrucken.

Im Grunde können Sie Schlagfertigkeit jederzeit gebrauchen und bei jedermann anwenden: Sei es bei den Geschäftskollegen in Übersee, der Postbotin vor Ihrer Haustür oder dem Polizisten, der Sie gerade angehalten hat (hier bitte vorsichtig sein!). Wann immer Sie Small Talk betreiben oder sich generell in einer Unterhaltung mit einer Person befinden: Schlagfertigkeit ist etwas, das die Stimmung zwischen den Gesprächspartnern auflockern, der Unterhaltung neue Dynamik geben oder eben Ihren **sozialen Status** aufbessern kann.

In diesem Buch lernen Sie bewährte Techniken kennen, mit denen auch Sie endlich nie mehr sprachlos sein werden und in wirklich jeder Situation geschickt kontern können. Profitieren Sie von den unzähligen Praxistipps, die Ihnen dabei helfen, sicher und überzeugend zu argumentieren, selbstbewusst aufzutreten und verbale Angriffe gekonnt zu verteidigen.

Ich möchte es aber noch einmal betonen: Es sind *Praxistipps*. Wie der Name schon sagt, leben diese Tipps von der Anwendung – der Praxis. Sie allein sind dafür verantwortlich, das in diesem Buch reich enthaltene Wissen für sich nutzbar zu machen. Damit auch Sie Ihre Mitmenschen für sich gewinnen und als Sieger vom Platz gehen.

Ich wünsche Ihnen viel Spaß beim Lesen und bei der Durchführung der Strategien aus diesem Buch. Sorgfältig wurden diese ausgewählt und in täglichen Situationen getestet, um für Sie den maximalen Erfolg zu gewährleisten. Nach dem Lesen und Selbermachen werden Sie zu einem Profi in Sachen Schlagfertigkeit, Selbstsicherheit und Spontaneität. Das verspreche ich Ihnen.

Herzlichst
Julius Loewenstein

P. S. Auf S. 106f. finden Sie noch ein exklusives Geschenk von mir. Lassen Sie sich überraschen!

I. Die richtige Grundeinstellung

Am Anfang dieses Buches geht es darum, Sie mit der richtigen Einstellung zur Schlagfertigkeit vertraut zu machen. Welche Charaktereigenschaften sollte man mitbringen, um zu einer schlagfertigen Persönlichkeit zu werden? Wie eignet man sich diese Eigenschaften an? Diese und weitere Fragen sollen im ersten Teil des Buches beantwortet werden.

Warum Schlagfertig das neue Souverän ist

Gehören Sie zu den Menschen, denen es schwerfällt, anderen die Meinung zu sagen? Halten Sie in schwierigen Gesprächssituationen häufiger mal den Mund, nur um sich dann bei anderen zu beschweren, wie unfair man Sie – mal wieder – behandelt hat?

Wenn Sie es satthaben, sich immer alles gefallen zu lassen, und sich endlich gegen provozierende oder dumme Bemerkungen verteidigen möchten, so führt kein Weg daran vorbei, die Kunst der Schlagfertigkeit zu erlernen und zu meistern.

Seien es die Sticheleien Ihrer Kollegen, die nervigen Sprüche Ihres Partners oder eine blöde Anmache in einer Bar – wir leben in einer Zeit, in der man Verstand, Wortgewandtheit und ein ordentliches Maß an Selbstbewusstsein benötigt, um sich behaupten zu können. Wer entschieden und souverän seine Interessen durchsetzen will, kommt nur mit Freundlichkeit und netten Worten meist nicht allzu weit.

Wenn Sie das Gefühl haben, dass es Ihnen an Souveränität fehlt, so müssen Sie Schlagfertigkeit entwickeln. Schlagfertigkeit dient dem Zweck, Ihre persönliche Würde zu schützen. Sie haben ein Anrecht darauf, dass man Sie mit Respekt behandelt und Ihre Interessen wahrnimmt. Mit Schlagfertigkeit verschaffen Sie sich diesen Respekt bei Ihren Mitmenschen und steigern darüber hinaus auch Ihr Ansehen, Ihre Glaubwürdigkeit und Ihr Selbstvertrauen – alles Attribute, die souveränen und selbstbewussten Menschen zugesprochen werden.

Souveränität ...

... ist gleichzusetzen mit Selbstsicherheit, Unabhängigkeit und der Fähigkeit zur Selbsterkenntnis. Wer souverän ist, hört auf seine eigene Intuition und lässt sich nur wenig bis gar nicht von anderen in seinem Denken und Handeln beeinflussen. Souveränität bedeutet auch, in schwierigen Situationen ruhigen Kopf zu behalten, Problemen gelassen gegenüberzustehen und diese so gut es geht zu lösen.

Souveränität ist eine Kompetenz, die ungemein nützlich ist — vor allem in den Zeiten, in der wir heute leben. Warum? Noch nie waren wir als Individuen so auf uns selbst gestellt, wie wir es heute sind.
Anders als früher, sind wir heute fürs Überleben nicht mehr auf unser näheres soziales Umfeld angewiesen. Doch das bedeutet im Umkehrschluss genauso, dass diese nicht auf uns angewiesen sind und wir alle unseren individuellen Wert als Mensch unter Beweis stellen müssen.

Das soll keineswegs eine Aufforderung dazu sein, die Ellbogen auszufahren und die Bedürfnisse anderer Menschen gedankenlos zu ignorieren. Vielmehr sollten Sie aber hinterfragen, welche Rolle Sie bisher Ihren eigenen Bedürfnissen und Interessen zugeordnet haben. Das ist mitunter eine Frage der persönlichen Würde. Und Ihre Würde ist etwas, wofür Sie – und nur Sie! – einstehen sollten und *müssen*. Erst so erlangen Sie auch den Respekt Ihrer Mitmenschen – womit wir auch wieder beim Ausgangspunkt wären:

Wer von anderen respektiert werden und seine Interessen geltend machen will, muss seinen Wert als Menschen kennen — und diesen in heiklen Situationen verteidigen können. Das nennt man Souveränität.

Diese Souveränität hilft Ihnen nicht nur, schwierige Situationen durchzustehen, sondern sich auch gegenüber anderen zu behaupten. Also eine Voraussetzung für Schlagfertigkeit!

Gerade für Führungskräfte ist das eine unverzichtbare Fähigkeit. Ein unsouveräner Vorgesetzter wird von seinen Angestellten schließlich kaum ernst genommen — oder würden Sie einem unsicheren, an sich selbst zweifelnden Chef folgen wollen? Eben.

Gleiches gilt aber natürlich auch für Mitarbeiter und Freiberufler. Souveränität erleichtert Ihnen den Umgang mit Kollegen, Geschäftspartnern sowie Kunden und birgt den nicht zu unterschätzenden Vorteil, sich vor anderen verkaufen zu können. Im Grunde sollte jeder die Fähigkeit haben, sich selbstbewusst zu präsentieren und andere von sich zu überzeugen. Das trifft im Übrigen auf alle Bereiche des Lebens zu. Das Privatleben bildet da keine Ausnahme.

Worauf ich hinaus möchte: Souveränität und Schlagfertigkeit sind viel weniger als (Charakter-)Eigenschaften, sondern vielmehr als trainierbare Kompetenzen zu verstehen. Fertigkeiten, die sich erst in gewissen Situationen bemerkbar machen. Und zwar vordergründig durch:

1. **Selbstsicherheit**
   Eine souveräne Persönlichkeit ist sich ihrer selbst bewusst und strahlt Sicherheit aus. Sie ist auch gleichzusetzen mit emotionaler Stabilität und innerer Ruhe.

2. **Unabhängigkeit**
   Ein weiteres Merkmal von Souveränität ist eigenständiges Denken. Gerade in Situationen, in denen es darauf ankommt, sollte man seiner Intuition vertrauen und unabhängige, verantwortungsbewusste Entscheidungen treffen können.

3. **Klares Selbstbild**
   Souverän heißt auch, seine Stärken und Schwächen zu kennen — verknüpft mit Selbstbewusstsein. Was kann ich gut? Was eher weniger? Wie kann ich meine Fähigkeiten einbringen und anderen helfen? Dabei folgendes beachten: Ehrlich zu sich selbst sein.

4. **Respektvoller Umgang mit anderen**
   Wer denkt, Souveränität leite sich aus der Überlegenheit gegenüber anderen Menschen und Ich-Sucht ab, irrt gewaltig. Souveränes Auftreten kommt insbesondere dann zum Vorschein, wenn man einen fairen und respektvollen Umgang zu andern Menschen pflegt. Wertschätzung ist das Stichwort.

Es ist wichtig zu erkennen, warum Souveränität gewissermaßen das Fundament für Schlagfertigkeit bildet. Denn sind wir mal ehrlich: Schlagfertigkeit kann man nicht vorgaukeln. Angenommen, Sie geben den Ton an und Ihr Gegenüber stammelt hölzern einen Konter — wirklich überzeugen tut er Sie damit nicht. Man kann schnell jemanden durchschauen, der einfach einen Spruch aufgeschnappt und auswendig gelernt hat. Doch das wirkt nicht glaubwürdig.

Viel nachhaltiger und wirkungsvoller ist es, sich vorher ein gewisses Maß an souveränem und selbstbewusstem Auftreten anzueignen. Das geht nur, wenn man seine Glaubenssätze ändert und seine Persönlichkeit weiterentwickelt.

Selbstsicherheit gewinnen – So geht's!

Die drei gravierendsten Glaubenssätze, die die meisten Menschen davon abhalten, selbstbewusst zu sein und sich damit einhergend Schlagfertigkeit anzutrainieren, sind folgende:

- *„Ich muss anderen gefallen."*
- *„Ich habe kein Recht, mich zu wehren.“*
- *„Ich kann doch eh nichts ändern.“*

In diesem Kapitel möchte ich Ihnen zeigen, wie Sie diese limitierenden Glaubenssätze ein für allemal eliminieren und damit den Grundstein Ihrer Schlagfertigkeit legen. Es ist durchaus möglich, dass Sie gar keinen dieser Glaubenssätze verinnerlicht haben. Dann können Sie dieses Kapitel überspringen.

Wenn Sie aber das Gefühl haben, dass mindestens einer dieser drei Glaubenssätze Sie schon Ihr Leben lang verfolgt, ist es an der Zeit, etwas zu ändern — packen wir es an.

- *„Ich muss anderen gefallen.“*

Der erste Glaubenssatz erstickt jegliche Art von Selbstbewusstsein bereits im Keim. Wie kann man sich seiner selbst bewusst sein, wenn man sein ganzes Denken, Handeln und Fühlen nach den Erwartungen anderer Menschen ausrichtet? Wie soll man auf diese Weise bitteschön langfristig glücklich werden?

Sie müssen lernen, dass der Einzige, der über Ihr Lebensglück und Ihre Lebenszufriedenheit entscheidet, Sie selbst sind. Was andere über Sie denken, kann Ihnen egal sein. Nur Sie einzig und allein müssen sich gefallen. Natürlich ist es schön, wenn andere Sie mögen. Aber es darf nicht zu Ihrer Lebensaufgabe werden, es anderen recht zu machen. Viel wichtiger ist, dass Sie Ihren eigenen Ansprüchen gerecht werden.

Zwangsläufig führt dieser Glaubenssatz auch dazu, dass man sich selbst untreu wird. Schließlich endet es damit, dass man sich ständig vor anderen verstellt. Doch auf lange Sicht macht das krank. Verstellen Sie sich nicht, auch wenn die *authentische* Version von Ihnen nicht allen gefällt.

Wenn Ihnen in einer (Gesprächs-)Situation der erste limitierende Glaubenssatz in den Kopf schießt, sagen Sie zu sich selbst:

- ***„Riskiere, Du selbst zu sein! Du bist gut, so wie Du bist."***

Der nächste limitierende Glaubenssatz lautet:

- *„Ich habe kein Recht, mich zu wehren."*

Dieser ist in den allermeisten Fällen vorrangig auf eine bestimmte Erziehung seitens der Eltern zurückzuführen. Vielleicht haben Sie eine strenge Erziehung genossen, in der die Autorität der Eltern auf keinen Fall infrage gestellt werden durfte. Verstärkt wurde dieses Empfinden durch strenge Lehrer und später durch autoritäre Vorgesetzte – ein Umfeld, das die Festigung dieses negativen Glaubenssatzes begünstigt. Und zwar dauerhaft.

Nun mag es zwar schwierig sein, auf einigen wenigen Seiten ein Denk- und Glaubensmuster komplett aufzulösen, das Sie wohl Ihr Leben lang geprägt hat. Versuchen möchte ich es trotzdem.

Meist geht das Gefühl, sich nicht wehren zu dürfen, daraus hervor, dass man nach einer Bestätigung von einer „höheren Instanz" sucht – wie es damals die Eltern und Lehrer waren. Diese wurden später durch Ausbilder, Vorgesetzte und andere Autoritätspersonen ersetzt.

Kurz: Unter Umständen suchen Sie beständig nach der Wertschätzung durch eine Ihnen höher gestellte Person. Doch weil Sie befürchten, es sich mit dieser „höheren Instanz" durch offensives Auftreten zu verscherzen, halten Sie sich lieber zurück und verhalten sich unterwürfig.

Sie müssen lernen, sich von solchen Autoritätspersonen, die aus Ihrer Sicht einen höheren Status haben als Sie selbst, emotional zu lösen. Halten Sie sich vor Augen, dass diese Menschen nur den Status haben, den Sie ihnen zusprechen. Es liegt also an Ihnen, welche Macht Sie diesen Menschen über sich selbst geben. Oftmals haben Menschen nur die Macht über uns, die wir ihnen auch gewähren.

Es ist ein schrittweiser Prozess, sich von anderen, scheinbar höher gestellten Personen auf emotionaler Ebene zu lösen. In jedem Fall sollten **Sie** jedem Menschen das gleiche Maß an Respekt entgegenbringen. Gewiss befinden sich einige Personen in höheren Positionen, die sie sich meist auch hart erarbeitet haben. Dies gilt es zu würdigen. Aber weder der Doktortitel noch die Rolle des Vorstandsvorsitzenden können einer Person mehr Wert verleihen als allen Menschen auf gleiche Weise innewohnt.

Jeder Mensch hat einen Wert. Dieser definiert sich nicht über den Grad an akademischer Bildung oder sein Gehalt. Sondern über seine Einzigartigkeit und die persönliche Würde, die jeden von uns auszeichnet.

Wie löst man den Glaubenssatz *„Ich habe kein Recht, mich zu wehren“* aber nun effektiv und nachhaltig auf? Was Sie brauchen, ist **Unabhängigkeit**.

Unabhängigkeit bedeutet, dass Sie aufhören, sich anderen anzupassen. Auch nicht denen, die mehr Macht, mehr Geld, einen höheren Bildungsabschluss oder eine bessere Position in der Firma haben. Sie sollten den Mut haben, sich Ihr eigenes Urteil zu bilden und sich auf dieses Urteil zu verlassen, indem Sie klare, *eigenständige* Entscheidungen treffen. Unabhängig von den Erwartungen anderer.

Basierend darauf dürfen Sie sich dann selbst erlauben, auch mal Nein zu sagen oder Ihre Interessen zu verteidigen. Dabei sollten Sie dennoch Rücksicht auf Ihre Mitmenschen nehmen. Sie haben das Recht, sich zu wehren, wenn Sie sich angegriffen oder ungerecht behandelt fühlen. Der Einzige, dessen Erlaubnis Sie dazu benötigen, sind Sie selbst.

Eine Alternative zu dem negativen, oben genannten Glaubenssatz kann in etwa so aussehen:

▶ ***„Ich bin unabhängig. Ich kann auf meine Intuition vertrauen und lasse mich nicht von den Erwartungen anderer leiten. Ich bin selbstbewusst und behaupte mich!“***

Der nächste und vielleicht schwerwiegendste Glaubenssatz ist folgender:

- *„Ich kann doch eh nichts ändern."*

Dieser negative Glaubenssatz ist deshalb am schwerwiegendsten, weil er dazu führt, dass wir Verantwortung *abgeben.*

Wer glaubt, an seiner Lage und seinen (kommunikativen) Fertigkeiten nichts ändern zu können, erliegt der eigenen Illusion. Er weist die Verantwortung für das eigene Leben von sich und rechtfertigt seine Passivität.

Ich möchte Ihnen aber eines sagen: Sie können etwas ändern. Ihre Lebensumstände und Ihre Persönlichkeit sind nichts, was für immer und ewig durch das Schicksal vorbestimmt und in Stein gemeißelt ist. Sie haben jederzeit die Möglichkeit, Ihr Leben zu ändern.

Wenn Sie die folgende Aussage verinnerlichen, verfügen Sie über den letzten und entscheidendsten Glaubenssatz, um zu einer souveränen, selbstsicheren und letztendlich auch schlagfertigen Persönlichkeit zu werden.

- ***„Ich übernehme Verantwortung für mich und meine Lebensumstände. Es liegt einzig und allein an mir, etwas in meinem Leben zu verändern."***

Es ist wichtig, dass Sie Ihre Werte fortwährend reflektieren und Ihre Glaubenssätze hinterfragen. Sowohl das beständige Lernen und Wachsen als auch die kontinuierliche Arbeit an sich selbst ebnet Ihnen den Weg zu mehr Schlagfertigkeit und Souveränität.

Es ist mir wichtig, dass Sie die für Sie zielführenden Glaubenssätze entwickeln, bevor wir uns den konkreten praktischen Tipps und Gesprächstechniken zur Verbesserung Ihrer Schlagfertigkeit widmen.

Im nächsten Kapitel soll es nämlich darum gehen, wie Sie diese (neu gewonnene) persönliche Stärke auch nach außen hin zeigen und sich als selbstbewusste Persönlichkeit positionieren.

Die richtige Grundeinstellung – Zusammenfassung (I)

WARUM SCHLAGFERTIG DAS NEUE SOUVERÄN IST

- Sie brauchen Schlagfertigkeit, um sich durchzusetzen. Sie schützen Ihre **persönliche Würde** am besten, indem Sie schlagfertig und selbstbewusst reagieren.

- Selbstsicherheit, Unabhängigkeit und die Fähigkeit zur Selbsterkenntnis zeichnen **souveränes Auftreten** aus und sind der Schlüssel zu mehr Gelassenheit im Leben.

- **Jeder** ist in der Lage, seine Schlagfertigkeit zu trainieren.

- Wer wirklich schlagfertig werden möchte, sollte selbstbewusst und unabhängig in seiner Denkweise sein und ein **klares Selbstbild** von sich haben. Des weiteren setzt Schlagfertigkeit einen respektvollen Umgang mit seinen Mitmenschen voraus.

SELBSTSICHERHEIT GEWINNEN – SO GEHT'S!

- Um nachhaltiges Selbstbewusstsein zu entwickeln, muss man seine **Glaubenssätze hinterfragen** und anfangen, eigenständig zu denken. Das geht nur, wenn man Verantwortung übernimmt und sich von den Meinungen anderer befreit.

1. Nur Sie entscheiden über Ihr Lebensglück und Ihre Lebenszufriedenheit. Nicht jeder muss Sie mögen. **Riskieren Sie, Sie selbst zu sein!**

2. Lösen Sie sich von dem Gefühl, die Erwartungen anderer zu erfüllen. Erkennen Sie Ihren eigenen Wert und **machen Sie sich unabhängig!**

3. Es liegt an Ihnen, Ihre Lebensumstände zu verbessern. Nehmen Sie Ihr Leben in die Hand und damit auch die **Verantwortung** für sich selbst.

II. Stärke zeigen: Selbstbewusst auftreten

Damit schlagfertige Antworten sitzen und Sie nicht nur mit den passenden Worten, sondern auch mit der richtigen Präsenz sicher argumentieren, müssen Sie mit Ihrer Körpersprache und Stimme Selbstbewusstsein ausstrahlen. Dieser Teil des Buches soll sich diesen Fertigkeiten widmen.

Eigentlich ist es eine allseits bekannte Tatsache: Es kommt nicht nur darauf an, was wir sagen, sondern auch *wie* wir es sagen. Die Wirkung unserer Worte entfaltet sich erst dann, wenn wir sie mit den richtigen Gesten, der richtigen Mimik und einer bestimmten Stimmlage untermalen.

Schlagfertigkeit besteht nämlich nicht nur darin, mit Worten zu kontern. Sie erfordert in gleichem Maße, mit der Körpersprache Stärke zu signalisieren.

Was ich damit sagen will: Sie dürfen sich nicht verstecken, wenn Sie Schlagfertigkeit und Selbstbewusstsein demonstrieren wollen! Wer sich kleiner macht, als er ist, die Schultern nach vorn zieht und seine Worte nur sehr verhalten oder gar zittrig äußert, der signalisiert, angreifbar zu sein. Das ist ein sehr wackliges Fundament, um seinem Gegenüber souverän zu begegnen und schlagfertig zu reagieren. Wobei von einem Fundament in dem Fall auch gar nicht die Rede sein kann.

Schlagfertig sind Ihre Worte erst dann, wenn Sie mit Ihrer Körpersprache Selbstsicherheit ausstrahlen und kraftvoll auftreten. Auch die Stimmlage ist entscheidend. Sie sollte kräftig klingen, um den gewünschten Effekt — hier Uangreifbarkeit — zu bewirken.

Um mit unserem Auftreten Stärke zu demonstrieren, müssen wir lernen, unseren Körper und unsere Stimme bewusst zu steuern. So können wir sicherstellen, dass unsere Worte auch die Wirkung entfalten, die wir ihnen geben möchten.

Ausstrahlung durch Körpersprache

Wie können Sie aber Ihre Körpersprache trainieren? Ihre Ausstrahlung verbessern? Selbstsicherheit demonstrieren?

Menschen mit Selbstbewusstsein strahlen dieses auch aus. Wenn Sie die folgenden Eigenschaften bereits besitzen: **Sicherheit**, **Stabilität**, **Charisma**, **Durchsetzungsvermögen**, wird Ihre Körpersprache das widerspiegeln.

Und wenn Sie sich nicht so fühlen? Wenn Sie einfach noch nicht über dieses Selbstbewusstsein verfügen?

Das Schöne an selbstbewusster Ausstrahlung ist, dass es auch andersherum funktioniert. Das heißt, dass Sie sich durch Ihre Bewegungen das Selbstbewusstsein aneignen können, das Sie gern hätten. Indem Sie anfangen, bestimmte Haltungen einzunehmen und Gestiken zu benutzen, werden Sie selbstsicherer wirken. Konkret bedeutet das: Wir können mithilfe unserer Körpersprache Einfluss darauf nehmen, wie wir Situationen und uns selbst wahrnehmen.

Es kommt vor allem auf zwei Voraussetzungen an, die eine selbstbewusste Körpersprache bedingen und zu einer positiven und starken Ausstrahlung führen. Diese sind:

1. Die richtige **Körperspannung**
2. Eine **aufrechte Haltung**

1. Die richtige Körperspannung

Zunächst zur Körperspannung: Kaum etwas signalisiert so deutlich und eindrucksvoll, über welche Energie ein Mensch verfügt, wie seine Körperspannung. Sie verrät mitunter, wie motiviert er ist und welches (emotionale) Gemüt er an den Tag legt.

Stellen Sie sich vor, es kandidieren zwei Frauen für das Kanzleramt. Der Unterschied zwischen den beiden Anwärterinnen wird deutlich, noch ehe eine von ihnen auch nur ein Wort gesagt hat. Die eine Kandidatin lässt die Schultern und Mundwinkel hängen und stützt sich auf ihrem Rednerpult ab. Ihre Konkurrentin jedoch steht aufrecht, lächelt und benutzt Ihre Arme beim Reden.

Wie wirken die Kandidatinnen auf Sie? Bei welcher Kandidatin hätten Sie eher das Gefühl, dass sie ihren Job gut macht und ihre Versprechungen einhält?

Das genannte Beispiel soll verdeutlichen, dass wir unsere Körperspannung erhöhen müssen, wenn wir von anderen als überzeugend wahrgenommen werden möchten.

Das soll aber *nicht* heißen, dass Sie von jetzt an unablässig jeden Muskel Ihres Körpers anspannen müssen, um selbstsicher zu wirken. Erhöhen Sie Ihre Körperspannung nur dann, wenn es auch darauf ankommt.

Zum Beispiel, wenn Sie für das Kanzleramt kandidieren. Oder – um ein wahrscheinlicheres Szenario zu nennen – in einer Gehaltsverhandlung, einem wichtigen Verkaufsgespräch mit einem Bestandskunden stehen. Insbesondere wenn es zu einem Interessenkonflikt oder einer Situation kommt, in der Sie andere für sich gewinnen müssen, ist erhöhte Körperspannung von Vorteil. Sie lässt andere nämlich unmissverständlich wissen, dass Sie es ernst meinen und voll bei der Sache sind.

Des Weiteren bildet die richtige Körperspannung die Grundlage für weitere Gesten, die mit der Ausstrahlung von Selbstsicherheit verbunden sind. So auch für eine aufrechte Haltung, die ebenfalls von entscheidender Bedeutung ist, wenn es auf einen souveränen Auftritt ankommt.

2. Aufrechte Haltung

Eine aufrechte Haltung besteht, entgegen der weitverbreiteten Annahme, aus mehr als nur einem geraden Rücken. Gewiss, ein stabiler Rücken verhilft enorm zu einer aufrechten Haltung. Doch ist es vor allem ein sicherer und fester Stand, der für eine gute Haltung unerlässlich ist.

Sie gewährleisten diesen, indem Sie die folgenden Punkte beachten:

- **Achten Sie auf einen schulterbreiten, festen Stand.** Das zeugt von Stabilität! Eng zusammengestellte Füße und geschlossene Beine wirken hingegen so, als wären Sie ein Diener. Ist der Stand zu breit, sieht das arrogant aus.

- **Wippen Sie nicht von einem Bein auf das andere.** Überhaupt sollten Sie sich symmetrisch und balanciert positionieren. Nehmen Sie keine krummen oder unnatürlichen Haltungen an.

- **Stehen Sie frei.** Lehnen Sie sich nicht an — und wie das Sprichwort besagt: Stehen Sie nicht mit dem Rücken zur Wand! Gerade in schwierigen Gesprächssituationen kann Ihnen sowas zum Verhängnis werden.

- **Stemmen Sie Ihre Arme in die Hüften** — aber nur, wenn Sie mit einer Aussage herausgefordert werden. Verbunden mit einem festem Stand geben Sie dadurch zu verstehen, dass Sie Autorität beanspruchen. Schlagkräftiges Argumentieren fällt Ihnen dann auch wesentlich leichter.

Den ultimativen und wichtigsten Tipp für eine natürliche, aufrechte und vor allem *selbstsichere* Körperhaltung habe ich aber ganz bewusst nach hinten gestellt und von den anderen getrennt. Dieser ist so wichtig, dass er gesondert erwähnt wird und sozusagen die *Quintessenz* des vorher Gesagten darstellt.

▸ **Machen Sie sich groß!** Das heißt: *Brust raus, Kinn hoch, Schultern nach hinten*. Nehmen Sie eine Körperhaltung an, mit der Sie Entschlossenheit und Energie ausstrahlen. Das lässt Sie überzeugend und selbstbewusst wirken.

Abschließend sei auch erwähnt, dass unser Körper - wie bereits gesagt - lediglich ein Spiegel unserer inneren Gefühlslage ist. Wenn Sie bei Ihrer inneren Haltung ansetzen und sich verstärkt auf positive Gedanken und Gefühle konzentrieren, dann kommt eine entschlossene und selbstsichere Körperhaltung wie von allein.

Mit Gesten überzeugen

Sie können die Wirkung Ihrer Aussagen signifikant erhöhen, indem Sie Ihre Hände zu Hilfe nehmen und anfangen, von den richtigen Gesten Gebrauch zu machen.

Die richtigen Gesten…

… kommen immer auf die Gesprächssituation an. Wenn Sie das Vertrauen Ihres Gegenübers gewinnen möchten, zeigen Sie ihm *offen* Ihre „weichen" und verletzlichen Seiten. Diese sind: **Handflächen**, **Innenarm**, **Bauch** und **Brust** (Torso). Befinden Sie sich jedoch in einem Streit oder einer angespannten Situation, in der Sie den anderen entschieden zurückweisen möchten, geben Sie ihm das durch abweisende Gesten zu verstehen, indem Sie Ihre „harten" Seiten zeigen: **Handrücken**, **Außenarm**, **Ellenbogen**, **Schultern** und (wenn's ganz dicke kommt) den **Rücken**.

Die Art der angemessenen Gesten unterscheidet sich also je nach Gesprächssituation. Was aber allgemein gilt: Es genügt, entschlossen aufzutreten und einzelne Gesten hervorzuheben. Setzen Sie Akzente, indem Sie einzelne Aussagen hin und wieder mit einer bestimmten Bewegung untermalen. Diese Bewegungen sollten im Allgemeinen flüssig, gezielt und entschlossen ablaufen.

Welche das konkret sein können, das muss jeder für sich herausfinden. Zumal man durch individuelle Gesten seine Persönlichkeit besonders gut ausdrücken kann. Womit wir auch wieder beim Punkt Souveränität und Unabhängigkeit wären.

Setzen Sie Ihr Pokerface auf

Nicht minder aussagekräftig als unser Körper ist wohl unser Gesichtsausdruck. Mit unserem Gesichtsausdruck zeigen wir, wie wir uns fühlen und welche Reaktion unser Gegenüber in uns hervorruft.

In Momenten, in denen wir von unseren Gesprächspartnern auf die Probe gestellt und verbal herausgefordert werden, ist es oft schwierig, einen ruhigen Kopf zu bewahren und unseren Ärger zu verbergen. Doch gerade dann ist es wichtig, seine Mimik zu kontrollieren und so Souveränität zu beweisen.

Auf folgende zwei Dinge sollten Sie Wert legen:

1. **Gelassener**, nicht ängstlicher **Gesichtsausdruck**
2. Fester **Blickkontakt**

Bei beiden handelt es sich um altbekannte Weisheiten. Und trotzdem schaffen es nur die wenigsten von uns, in angespannter Umgebung mit anstrengenden Gesprächspartnern ihr „Gesicht zu wahren". Wobei damit weniger die Wahrung der persönlichen Würde, sondern eher ein kühler und sicherer Gesichtsausdruck gemeint ist, der festen Augenkontakt zum Gegenüber mit einschließt! Im Folgenden möchte ich Ihnen Wege aufzeigen, wie Sie beides einfach erreichen – und dabei natürlich und authentisch wirken.

1. Gelassener, nicht ängstlicher Gesichtsausdruck

Ihr „normaler" Gesichtsausdruck sollte in der Regel entweder neutral oder zuversichtlich wirken. Beide Formen drücken Gelassenheit aus, und diese – nach außen dargestellte – Einstellung bietet sich in jeder Situation an.

Machen Sie zum Beispiel eine neue Bekanntschaft, ist Optimismus – ausgestrahlt durch einen zuversichtlichen, offenen Gesichtsausdruck - vorteilhaft. Er ist gleichzusetzen mit Charisma: Wir mögen Menschen, die positive Energie ausstrahlen. Aber ein gelassener und neutraler Gesichtsausdruck ist gerade in schwierigen, konfliktgeladenen Situationen überaus entscheidend.

Überlegen Sie mal, was passiert, wenn Sie verbal angegriffen werden. Zeigen Sie sich getroffen, gar angegriffen? Damit würden Sie dem Angreifer den Sieg schenken und ihm das geben, was er erreichen wollte: Sie verletzt beziehungsweise provoziert zu sehen.

Wenn Sie sich aber eben nicht angegriffen zeigen und mittels entspannter Mimik signalisieren, dass Sie die Verbalattacke gelassen nehmen – dann sieht die Sache schon ganz anders aus.

Sie triumphieren in dem Fall. Weil Sie Ihrem Gegenüber deutlich zu verstehen gegeben haben, dass seine Bemerkung Sie kaltlässt und Sie über seiner Aussage (und gegebenenfalls auch über ihm) stehen. Sie strahlen Sicherheit und im Idealfall sogar Dominanz aus, wenn Sie ein kühles, besonnenes Gesicht aufsetzen.

Wie Sie das machen? Es ist in der Tat leichter gesagt als getan, in vergifteten Gesprächssituationen gelassen zu bleiben oder diese Gelassenheit zumindest mithilfe der Mimik zu implizieren. Es gibt aber ein paar Tricks, die da Abhilfe schaffen:

- **Die Augen nicht aufreißen.** Weit geöffnete Augen signalisieren Wachsamkeit, was aus evolutionstechnischer Sicht dem Gefühl der Angst folgt. Schauen Sie neutral und gelangweilt, um dem vorzubeugen. Damit entwaffnen Sie den Angriff, weil Sie damit zeigen, dass Sie sich nicht beeindrucken lassen.

- **Mundwinkel leicht nach oben ziehen.** Sie sollten in solchen Situationen ganz bewusst ein künstliches, amüsiertes Lächeln aufsetzen. Das strahlt Souveränität aus und lässt Sie dominant wirken.

- **Den Kiefer entspannt zusammenlegen.** Manche zeigen in Konflikten eher Anzeichen von Angespanntheit, Stress oder Wut. Innere Angespanntheit und Wut zeigen sich häufig in einem zusammengepressten Kiefer. Wollen Sie das Gegenteil signalisieren, entspannen Sie Ihren Kiefer.

Halten wir den Hauptgedanken noch einmal fest, wenn es um den richtigen Gesichtsausdruck in schwierigen Gesprächssituationen geht.

▶ **Signalisieren Sie Überlegenheit und Stärke,** indem Sie sich entspannen und dies durch einen gelassenen Gesichtsausdruck zur Geltung bringen.

Kommen wir nun zum zweiten wichtigen Faktor, ohne welchen Selbstsicherheit in der Kommunikation nicht glaubwürdig kommuniziert und die eigenen Argumente nicht schlagkräftig rübergebracht werden können: Es handelt sich um die Bedeutung des Augenkontakts.

2. Fester Blickkontakt

Es sind die Augen, die das „Tor zur Seele" sind und mit denen wir als Allererstes Kontakt zum Gegenüber aufnehmen. Sie können als emotionale Brücke dienen – oder eine Barriere darstellen. Sie können die Beziehung zwischen Menschen vertiefen – oder diese belasten. Welche Art von Beziehung wir zu unseren Mitmenschen aufbauen hängt im ersten Schritt davon ab, ob wir Augenkontakt halten – oder eben nicht.

Oftmals ist Augenkontakt die grundlegendste und wichtigste Voraussetzung für erfolgreiche Kommunikation. Augenkontakt signalisiert Interesse am Gegenüber und stellt eine Verbindung zwischen den Gesprächspartnern her.

Wer seinem Gegenüber allerdings nicht in die Augen schaut, tut dies aus einem der folgenden zwei Gründe: Entweder ist er dem anderen aus irgendeinem Grund abgeneigt und möchte ihm nicht den nötigen Respekt erweisen. Oder er fühlt sich unterlegen und hat infolgedessen einen gesenkten Blick, der aus Angst, Unsicherheit und Verlegenheit resultiert.

Ich empfehle immer, den Blickkontakt zu halten. Es gibt wohl keine bessere Methode, um in einem Gespräch Selbstbewusstsein zu demonstrieren, als seinem Gegenüber fest und entschlossen in die Augen zu schauen. Das zeugt von emotionaler Stabilität und ist ein Zeichen des Respekts: des Respekts vor seinem Gesprächspartner, aber auch vor sich selbst.

Besonders wenn Sie schlagfertig antworten und sich in schwierigen Situationen behaupten möchten, müssen Sie dem anderen in die Augen schauen. Ansonsten hat Ihre Aussage nicht die nötige Power, die eine schlagfertige Antwort nun mal benötigt. Auch wirken Sie nicht allzu glaubwürdig, wenn Sie dem Blick Ihres Gegenübers ausweichen: Sie wirken, als hätten Sie etwas zu verbergen.

Der ultimative Killerblick

Was Sie in besonders angespannten Gesprächssituationen auch machen können, ist die Augen Ihres Gegenübers zu fixieren und ihm „den Killerblick“ zu geben. Dabei schauen Sie ihn scharf an und stellen sich vor, ihn in einem Augenduell niederzuringen. Klingt heftiger, als es ist. Achten Sie lediglich darauf, dass Sie Ihren Kontrahenten bzw. Gesprächspartner nicht anstarren, sondern einfach direkt in seine Augen schauen und dabei einen möglichst humorlosen Gesichtsausdruck wahren. Wenden Sie den Blick vorerst nicht ab! Nutzen Sie diesen intensiven Moment, um eine oder mehrere schlagfertige Antworten abzufeuern. Erst wenn Sie Ihr wichtigstes Argument ausgesprochen haben – dann wenden Sie den Blick ab. Damit erhöhen Sie die Wirkung Ihrer Aussage und geben zu verstehen, dass die Sache für Sie abgeschlossen ist. Sie haben das letzte Wort behalten.

Man kann das Spektakel auch bei unseren tierischen Zeitgenossen beobachten: Das Tier, das zuerst den Blick abwendet, unterwirft sich seinem Gegenspieler. Bei Menschen verhält es sich ähnlich. Sollten Sie in einem Gespräch zu Boden blicken oder Löcher in die Luft starren, laden Sie den anderen förmlich dazu ein, Sie zu dominieren und Ihren Status infrage zu stellen.

Deshalb:

- **Blickkontakt ist alles.** Schauen Sie Ihrem Gesprächspartner fest in die Augen. Vor allem wenn es zu Konflikten kommt und Sie schlagfertig kontern möchten.

Doch selbst die v Körpersprache und auch der festeste Blickkontakt werden Ihre Aussagen nicht schlagkräftig wirken lassen, wenn diese in einer schwachen, zittrigen Tonlage vorgebracht werden. Aus dem Grund soll das folgende Kapitel genau dem Rechnung tragen: Wie Sie kraftvoll und überzeugend sprechen.

Die Stimme richtig einsetzen

Unsere Stimme ist das direkte Transportmittel in der Kommunikation und entscheidet darüber, wie die von uns übermittelte Botschaft beim Zuhörer ankommt. Ob eine Aussage nämlich als eloquent und überzeugend wahrgenommen wird, hängt weniger von den Worten selbst, als von der richtigen Stimmlage und Intonation ab.

Oder hören Sie dem aufgeregt schreiendem Mann in der Mitte des Marktplatzes zu, dessen zittrige Stimme sich immer wieder überschlägt? Bevor Sie seinen Aussagen überhaupt Beachtung schenken, haben Sie ihn vermutlich direkt als Spinner abgetan.

Mal ganz abgesehen davon, dass dieser jemand wie der letzte Idiot rüberkommen und sich mit solch einem Auftritt bis auf die Knochen blamieren würde – selbst wenn seine Ankündigung stimmen sollten: Abkaufen tut sie ihm niemand.

> Man kann Glaubwürdigkeit und rhetorische Sicherheit nicht vortäuschen. Sie überzeugen nicht nur durch das, was sie sagen, sondern vor allem dadurch, wie Sie es sagen.

Für selbstbewusste und schlagfertige Antworten gibt es Stimmlagen, die man vermeiden, und Stimmlagen, die man bevorzugt verwenden sollte. Ist Ihre Stimme zum Beispiel zu schrill, zittrig, leise, zu vernuschelt oder einfach zu schwach, so kann von einer schlagfertigen Antwort nicht die Rede sein. Ganz gleich, wie perfekt getimt und treffend die Bemerkung auch sein mag.

Ganz anders sieht es hingegen aus, wenn Sie in einem selbstbewussten und ruhigen Ton sprechen. Drücken Sie mit Ihrer Stimme Festigkeit und Stabilität aus, betonen Sie einzelne Aussagen kraftvoll und variieren Sie auch mal Ihr Sprechtempo, so können Sie sich fast alles erlauben – zumindest sofern Ihre Argumente schlüssig sind und Sie einige treffsichere Konter auf Lager haben.

Sprechtempo: Mit Nachdruck!

Das Sprechtempo ist im Übrigen etwas, was viele unterschätzen. Mit der richtigen Dynamik in der Stimme lassen sich einzelne Aussagen hervorragend akzentuieren. Nehmen Sie Ihr Gegenüber mal in hohem Tempo „unter Beschuss" und nutzen Sie sogenanntes Power-Talking für sich – oder erzeugen Sie auch mal mit langsamer und kontrollierter Stimme einen bedeutungsvollen Eindruck. In manchen Situationen empfiehlt es sich eben, temperamentvoll zu sprechen, und in anderen Fällen, besonnen zu reagieren. Das Sprechtempo zu regulieren kann Ihren Statements Nachdruck verleihen und lässt sich vielseitig anwenden.

Es geht aber nicht nur darum, deutlich zu sprechen und präzise zu artikulieren. Mit einer kräftigen Stimme, passender Intonation und einem Gefühl für das richtige Sprechtempo kann man seine Botschaft auf vielen verschiedenen Wegen besonders betonen und die Wirkung schlagkräftiger Aussagen gleich um ein Vielfaches erhöhen.

Besondere Beispiele sind:

- **Eine Gemeinheit, die in zuckersüßem Ton aufgesagt wird,** bietet zwei Vorteile. Zum einen verstärkt sich der provokative Effekt, zum anderen fällt dieser dem anderen meist auch erst später auf.

- **Freche Bemerkungen als Witze zu tarnen**, hat in etwa dieselbe Wirkung. Sie werden zwar als humorvolle Bemerkungen vorgetragen und lockern die Stimmung auf, ändern tut dies an der Absicht der Aussage indes nichts.

- **Banale Konter in ernstem Ton zu rezitieren**, bringt den Gesprächspartner meistens ins Grübeln. Es bewirkt, dass dieser das Gefühl bekommt etwas nicht verstanden zu haben. Damit können Sie Ihr Gegenüber ganz schön verwirren!

Sie sehen, schlagfertige Antworten müssen nicht immer energisch vorgetragen und impulsiv demonstriert werden. Gewiss, der gute Konter ist zumeist durch entschiedene Power in der Stimme gekennzeichnet. Kraftvoll vorgetragen heißt aber nicht immer schlagfertig gekontert. Und schlagfertig gekontert heißt nicht immer kraftvoll vorgetragen.

Die oben angeführten Beispiele sind nur ein kleiner Auszug aus vielen verschiedenen Techniken der sogenannten Stimmmodulation. Im Laufe des Buches werden Sie noch weitere originelle Antwortmöglichkeiten kennenlernen, die dann auch mit der jeweiligen Sprechtechnik vorgestellt werden.

Lernen Sie zuerst die neutrale Stimmlage sicher zu beherrschen, bevor Sie anfangen mit fortgeschrittenen Sprechtechniken zu arbeiten. Die optimale Stimme der Schlagfertigkeit – die neutrale Stimmlage – hebt sich durch einen ruhigen, etwas tieferen Ton hervor und begünstigt eine klare, energievolle Aussprache. Sie sollten darüber hinaus Wert legen auf die Betonung einzelner Wörter, die Ihre Aussage lebhafter machen wird.

Selbstbewusst Auftreten – Zusammenfassung (II)

AUSSTRAHLUNG DURCH KÖRPERSPRACHE

- Sie können Ihre Körpersprache dazu nutzen, sich mehr Selbstbewusstsein anzueignen – indem Sie **Haltungen und Gesten** einnehmen, die charismatische Menschen auszeichnen.

- Erhöhte Körperspannung und eine aufrechte Haltung sind Voraussetzungen für einen **festen Stand**. Dieser ist unerlässlich, wenn Sie mit jemandem auf einer respektvollen Ebene kommunizieren wollen.

MIT GESTEN ÜBERZEUGEN

- Setzen Sie verschiedene Gesten zu unterschiedlichen Zwecken ein: Offene, einladende Gesten nutzen Sie, wenn Sie das **Vertrauen** von jemandem gewinnen möchten; harte und abweisende Gesten, wenn Sie darauf aus sind, sich und Ihre **Meinung verteidigen** und oder durchsetzen.

SETZEN SIE IHR POKERFACE AUF

- Ein entspannter **Gesichtsausdruck** zeigt, dass Sie den Dingen gelassen gegenüberstehen. Vor allem, wenn Sie Angst, Wut oder Unsicherheit verspüren, sollten Sie diese hinter einem „Pokerface" verstecken.

- Augenkontakt ist die Grundlage für gelungene Kommunikation. Sie verleihen Ihren Aussagen Kraft, wenn Sie Ihren Gesprächspartnern fest in die Augen schauen. Deshalb: **Blickkontakt** ist alles.

DIE STIMME RICHTIG EINSETZEN

- Regulieren Sie Ihre Stimme, variieren Sie im Tempo und betonen Sie **einzelne Wörter** besonders deutlich, um noch überzeugender und selbstbewusster wahrgenommen zu werden.

III. Schlagfertigkeit für Anfänger

Wer Schlagfertigkeit erlernen möchte, der sollte zuerst mit den einfachen Strategien anfangen. In diesem Kapitel bekommen Sie Techniken an die Hand, die gewiss nicht zur hohen Kunst der Schlagfertigkeit gehören, aber im praktischen Einsatz oftmals effektiv ihre Wirkung gezeigt haben. Und überhaupt: Mit den Grundlagen sollte jedermann vertraut sein.

Nachdem Sie sich nun eine stabile mentale Grundeinstellung angeeignet und Methoden für selbstbewusstes Auftreten für sich entdeckt haben, sind Sie bereit für den eigentlichen Gegenstand dieses Buches: die Fähigkeit zur Schlagfertigkeit und wie Sie diese ausbauen.

In dem dritten Teil soll es deshalb darum gehen, wie es Ihnen gelingt, innere Blockaden zu verstehen und zu überwinden und mithilfe einfacher und effektiver Sprüche sofort und schlagfertig zu reagieren.

Zuerst werde ich Ihnen veranschaulichen, wieso es uns manchmal schwerfällt, sofort und schlagfertig zu antworten, welche inneren Blockaden uns dabei behindern und wie wir diese bestmöglich auflösen.

Warum wir uns selbst im Weg stehen

Bestimmt kennen Sie das Gefühl: Unerwartet wird man von einer frechen Bemerkung erfasst und will etwas Gescheites erwidern – einen schlagkräftigen Satz, der ins Schwarze trifft und klarmacht, dass man sich nicht alles gefallen lässt. Eine Aussage, die das Selbstwertgefühl nicht nur wahrt, sondern auch nachhaltig festigt.

Doch genau in diesem Moment will uns dieser so dringend benötigte Satz einfach nicht einfallen. Und so stehen wir verlegen da, auf der Suche nach einer treffsicheren Antwort. Das wirkt hölzern, im schlimmsten Fall bringen wir keinen Ton raus oder werden emotional und somit fahrig in der Argumentation.

Im Nachhinein denken wir uns: „Verdammt! Jetzt fällt mir ein, was ich hätte sagen können.“ Zwar ist das meist keine allzu besonders brillante Phrase, die uns im Nachgang durch den Kopf schießt. Aber zumindest ist sie besser als das, was wir in dem Moment von uns gegeben haben, als es darauf ankam – wenn wir denn überhaupt etwas hervorgebracht haben.

Immer wenn es darauf ankommt, fehlt uns die nötige Schlagfertigkeit. Warum ist das so?

Um Sie zu beruhigen: Das passiert jedem. Sie sind nicht der Einzige, der damit zu kämpfen hat. Sogar diejenigen, die wir für ihre Schlagfertigkeit bewundern, stehen hin und wieder auf dem Schlauch, wenn es zu solchen Situationen kommt.

Das hat einen einfachen Grund: Mit manchen Situationen kann man nicht rechnen. Es wird immer wieder zu Gesprächssituationen kommen, die uns überrumpeln und in denen wir so schnell auch nicht die richtige Antwort parat haben.

Vor allem ist das dann der Fall, wenn wir uns vermeintlich sicher fühlen und nichts befürchten. Es sind in aller Regel die alltäglichen Situationen, in denen Schlagfertigkeit gefordert ist und in denen wir von unseren Mitmenschen auf die Probe gestellt werden.

Zum Beispiel, wenn wir uns mit dem Verkaufspersonal eines Einzelhandels unterhalten, uns mit einem Kollegen auf der Arbeit austauschen oder einfach einen Spaziergang im Park unternehmen. Wir erwarten, dass wir als Kunde freundlich behandelt, als geschätzter Mitarbeiter ein Teil des Teams sind und beim Spazieren den Kopf frei bekommen – wir haben keinen Grund, uns wegen plötzlicher, unfairer Kommentare und dummer Sprüche Gedanken zu machen.

Aus unseren gesamten Lebenserfahrungen haben sich bei uns eben gewisse Routinen gebildet – Routinen, die quasi automatisch ablaufen. So auch in den genannten Beispielen:

- **Wir gehen in einen Fachhandel und lassen uns von kompetenten, hilfsbereiten Verkäufern beraten.**

- **Auf der Arbeit herrscht kollegiales Klima und halbwegs freundliches Miteinander.**

- **Beim Spazieren sind wir allein und genießen die frische Luft.**

So zumindest die Erwartung. Und gerade in diesen Momenten sind wir anfällig für blöde Kommentare, die wir schlecht kontern können.

Auf unsere Beispiele übertragen könnte das bedeuten:

- Der Verkäufer ist gestresst und reagiert auf Ihre Nachfragen mit Unverständnis und Hohn.
- Ihr Kollege hat einen schlechten Tag erwischt und lässt seinen Frust mit einer blöden Bemerkung an Ihnen aus.
- Der entspannte Spaziergang wird durch einen scharfen Zwischenruf eines vorbeirasenden Fahrradfahrers unterbrochen. Er wirft Ihnen eine Beleidigung an den Kopf, weil Sie ihm anscheinend den Fahrradweg versperrt haben.

Es ist das Unerwartete, der *Überraschungseffekt*, der uns aus der Bahn wirft. Egal, wie kurz oder wie unwichtig die Bemerkung doch eigentlich ist: Es beschäftigt Sie trotzdem.

Was uns daran hindert, in diesen Momenten schlagfertig zu reagieren, ist unser Verstand. Oder besser gesagt: unser Verstand, der gerade eine Denkpause macht. Wir sind dann wie blockiert. Der Zugriff zu unseren internen Ressourcen – ein geistreicher Satz, souveränes Auftreten und gelassenes Reagieren – ist versperrt.

Wir können geistig nicht immer auf Zack sein – und schon gar nicht in Situationen, in denen wir unter plötzlichem Druck stehen. Unser Gehirn funktioniert nun mal nicht so. Durch langsames, gründliches Denken finden wir eben bessere Lösungen als in Sekundenbruchteilen beschlossene Entscheidungen. Es braucht Zeit, um den Verstand einzuschalten und nach einer treffsicheren Antwort zu suchen. Diese Zeit haben wir in jenen kritischen Momenten aber nicht.

Das wohl einzige Gegenmittel ist Vorbereitung. Effektive Gesprächstechniken, einfache Kontersprüche und passende Antwortmöglichkeiten für jede Situation werden Sie im Laufe dieses Buches noch zur Genüge kennenlernen. Hier soll es erst mal darum gehen, wie Sie den Hauptfaktor für Ihre innere Blockade sofort identifizieren und diesen mithilfe einer einfachen Methode kinderleicht überwinden.

Fünf Faktoren verursachen die Blockade.

- **Böse Überraschung:** Sie werden angegriffen und haben nicht damit gerechnet.

- **Souveränität ist bedroht:** Ihr Selbstwert und Ihr Status nach Außen werden einer mentalen Prüfung unterzogen. hr Selbstwert und Status-werden einer mentalen Prüfung unterzogen. Wenn Sie nicht sofort reagieren, leidet Ihre Selbstachtung und Sie stehen doof da.

- **Zu hohes Tempo:** Es geht Ihnen zu schnell. Sie brauchen mehr Zeit, um sich eine optimale Antwort zurechtzulegen. Diese Zeit haben Sie aber nicht!

- **Selbstwertgefühl wackelt:** Sie haben keinen so guten Tag erwischt. In diesem Moment fühlen Sie sich hilflos, die anderen erscheinen zu stark. Gruppendruck spielt hier auch eine Rolle.

- **Stress:** Sie wissen nicht, was zu tun ist — geraten unter Stress. So verfallen Sie in ein sehr unvorteilhaftes Stadium der Hilflosigkeit — denkunfähig, schwach und nervös.

Welcher von den oben genannten Gründen kommt Ihnen bekannt vor? Was können Sie tun, um sich von diesem Faktor bzw. denjenigen Faktoren zu lösen?

Wenn Sie nun davon ausgegangen sind, dass es für die einzelnen Gründe jeweils eine perfekte Lösung gibt, so muss ich Sie enttäuschen. Die gibt es leider nicht.

Aber um Sie sofort wieder zu beruhigen: Es gibt Strategien, mit denen Sie sogar mehrere der genannten Faktoren gleichzeitig aushebeln können.

Die Blockade überwinden

Dieses Kapitel soll Ihnen nun Wege aufzeigen, wie Sie Ihre Blockade einfach besiegen und sich von den negativen Faktoren freimachen. Sie können die nachfolgenden Methoden als erste Strategien für mehr Schlagfertigkeit erachten und sofort damit anfangen, mit ihnen zu arbeiten.

Sich vorbereiten

Sie können eben nicht erwarten, dass immer alles nach Plan läuft. Das Bewusstsein dafür, dass es immer anders kommt und das Leben voller Überraschungen steckt, sollte einen indes nicht davon abhalten, in den Ausbau seines Wissens und Könnens (auch in Bezug auf Schlagfertigkeit) zu investieren.

Konkret bedeutet das, dass Sie flexibel und offen bleiben müssen für Überraschungen jedweder Art. Sie können eine Situation nicht bis ins letzte Detail planen, genauso wenig wie Sie den Ausgang einer konfliktgeladenen Gesprächssituation vorhersagen können. Sie können auf beides aber durchaus Einfluss nehmen, indem Sie ...

- **die Grundsätze selbstbewussten Auftretens kennen** und im Alltag anwenden, um sich optimal zu präsentieren.

- **sich auf die wichtigsten Fälle** mit der höchsten Eintrittswahrscheinlichkeit **konzentrieren** und dort Ihre Schwachstellen identifizieren.

- **schlagkräftige Formulierungen** mit der dazu am besten passenden Intonation und dem richtigen Gesichtsausdruck **vorher üben** und Gesprächsverläufe möglichst realitätsnah durchspielen.

Im übernächsten Kapitel soll es gerade um einfache Kontersprüche gehen, die man in vielen verschiedenen Situationen sehr gut anwenden kann. Diese *Instant-Sätze* bestechen durch ihre Einfachheit, gelten gerade deshalb aber auch als ungemein effektiv.

Wenn Sie sich einige gute Phrasen raussuchen, diese zu Ihrer „eisernen Ration“ machen, haben Sie auf jeden Fall ein paar Asse im Ärmel, wenn es darauf ankommt. Darüber hinaus lernen Sie im weiteren Verlauf dieses Buches noch zahlreiche härtere Schlagfertigkeitstechniken, die mit lebhaften Beispielen unterlegt sind.

Eine erste Kontermöglichkeit kann es sein den Aggressor einfach direkt auf seine unmögliche Verhaltensweise zurückzuwerfen.

Tim wird von seiner Kollegin Simone dumm angemacht:

»Du arbeitest zu langsam, das muss schneller gehen. So wird das Projekt ja nie fertig! Also wenn Ich so arbeiten würde wie Du, würde hier gar nix fertig werden.«

Ein hervorragendes Beispiel, nicht wahr? Jeder dürfte so eine ähnliche Situation schon mal erlebt haben. Es gibt viele gute Möglichkeiten, darauf schlagfertig zu reagieren. Hier ein Beispiel:

> *»Ach Simone. Ich wünschte ich wäre so eine Rakete wie Du und könnte meine Aufgaben schneller bearbeiten. Dann hätte ich auch Zeit, meine Kollegen mit dummen Sprüchen zu nerven.«*

Im Folgenden werden verschiedene Strategien vorgestellt, die man beim Kontern verfolgen kann. Unterschiedliche Menschen fühlen sich mit unterschiedlichen Strategien wohler. Egal, welche Sie verfolgen, alle haben dasselbe Ziel vor Augen: den Schutz Ihres Selbstwertgefühls. Man ist keineswegs weniger souverän, wenn man es eher mit der einen oder anderen der folgenden Strategien hält.

Sachlich reagieren

Es muss aber nicht immer zum wortwörtlichen „Gegenschlag" ausgeholt werden, um Schlagfertigkeit und Souveränität zu demonstrieren. Sie können sich auch wehren, indem Sie offen die Gemeinheit ansprechen und deutlich machen, dass Sie so etwas nicht dulden.

Hier soll es darum gehen, wie Sie dem Gegenüber durch ein humorloses, selbstbewusstes Statement signalisieren, dass Sie sich solche Bemerkungen nicht gefallen lassen und sich einen freundlicheren und respektvolleren Umgang wünschen. Sie können eine solche Aussage natürlich mit ein wenig Frechheit würzen, aber der Fokus sollte auf einer sachlichen und reifen Reaktion liegen.

»Vielleicht hast Du Recht. Ich kann das besser. Du kannst mich aber in einem höflicheren Ton darauf hinweisen.«

»Gerne kann ich mein Arbeitstempo erhöhen, Simone. Aber nur unter der Bedingung, dass Du respektvoller mit Deinen Kollegen umgehst.«

»Ich mache meine Arbeit so, wie ich es für richtig halte und Du hast kein Recht, so mit mir zu reden.«

Wichtig ist dabei, dass Sie einen respektvollen Ton annehmen und selbstbewusst und bestimmt die Aussage vortragen. Bleiben Sie möglichst sachlich und zeigen Sie, dass freche Bemerkungen Sie nicht aus der Ruhe bringen.

Diese Antwortmöglichkeiten sind vielleicht nicht außerordentlich schlagfertig. Der Vorteil ist aber: Sie bedürfen keiner intensiven Übung und können schnell und unkompliziert abgerufen werden. Sie müssen sich keine ausgefallene Antwort ausdenken oder dabei besonders kreativ sein. Sie sprechen lediglich das Verhältnis zu Ihrem Gegenüber an und dass Sie einen fairen Umgang zwischen beiden Gesprächspartnern erwarten. Auch bietet eine solche Reaktion Boden für eine konstruktive Konfliktlösung, anstatt den Streit weiter zu verschärfen.

Die Sache mit Humor nehmen

Eine hervorragende Möglichkeit, dumme Sprüche an sich abprallen zu lassen und dem Angreifer den Wind aus den Segeln zu nehmen, ist, mit Humor und Selbstironie zu reagieren. Damit schaffen Sie augenblicklich Distanz und lösen auf spielerische und souveräne Art und Weise unangenehme Situationen auf. Im besten Fall bringen Sie Ihr Gegenüber sogar zum Lachen und tun der Beziehung etwas Gutes.

Es sei jedoch gesagt, dass wir unsere Humorfähigkeit nur abrufen können, wenn wir uns wohlfühlen. Jemand, der durch eine Aussage wirklich getroffen wurde, kann freilich nicht so tun, als wäre nichts passiert, und daraus auch noch einen Witz machen.

Dass Sie mit Humor reagieren, bedeutet **nicht**, dass Sie krampfhaft einen Witz machen oder mit Ihrer Bemerkung den anderen zum Lachen bringen *müssen*. Zwang blockiert! Außerdem spielen Sie nicht den Komiker. Das Einzige, worauf es ankommt, ist, Ihrem Gegenüber zu zeigen, dass Sie die Situation nicht ernst nehmen.

Auf das eben beschriebene Beispiel mit Simone und Tim übertragen, könnte eine humorvolle Reaktion in etwa so aussehen:

»Ich bin auf der Arbeit und nicht auf der Flucht.«

»Stimmt, ich hätte mich beim Berliner Flughafen bewerben sollen.«

Das ist sozusagen das Gegenteil von der vorigen Taktik: Man macht aus der Situation einen kleinen Spaß. Die Bemerkung des anderen mag zwar noch so dumm, unfair oder gehässig sein – die eigene Persönlichkeit ist aber unerschütterlich und das Mindset so stark, dass man daraus einen Witz machen und über sich selbst lachen kann.

Etwas Bosheit schadet nicht

Manchmal geht es aber nunmal nicht anders - der Gesprächspartner will seine frechen und schlichtweg nervigen Aussagen einfach nicht einstellen. Also müssen wir ihm eine Lektion erteilen. Eine Lektion, die er so schnell nicht wieder vergessen wird.

Zunächst aber sollten Sie verstehen, dass Sie mit boshaften Antworten bitte nur sparsam (re-)agieren sollten. Zum einen können diese sehr verletzend sein, den Streit weiter entfachen und das Selbstwertgefühl des anderen kränken. Zum anderen sind diese auch nicht immer angebracht und belasten das persönliche beziehungsweise berufliche Umfeld.

Doch besonders dann, wenn wir bloßgestellt und übel attackiert werden, reicht es nicht, eine heitere Bemerkung zu machen und damit die Sache wieder zu vergessen. Auch nützt es nichts, immer und immer wieder an die „edle Gesinnung" des anderen zu appellieren und ihn um ein faires Miteinander zu bitten, wenn er keine merkliche Verbesserung in seinem Verhalten zeigt.

Und so bleibt Ihnen keine andere Wahl, als Ihre Skrupel beiseitezulegen und zurückzuschlagen. Verschaffen Sie sich den nötigen Respekt, indem Sie die Schwächen Ihres Kontrahenten ausfindig machen und den Spieß umdrehen.

»Zum Glück geht es ja nicht nur um Schnelligkeit — sondern auch um Qualität! Da bilden wir doch ein super Team und ergänzen uns perfekt. Nicht wahr, Simone?«

Wie eben bereits gesagt: Ein kleiner Seitenhieb ist in manchen Situationen notwendig und führt in aller Regel dazu, dass man Sie seltener provoziert. Nichtsdestotrotz – und das möchte ich ausdrücklich betonen – ist ein freundlicher Umgang mit seinen Mitmenschen fast immer die beste Option. Ein Miteinander, das auf Respekt, Fairness und gegenseitiger Wertschätzung beruht. Auch wenn wir nicht jeden mögen – wir sollten bestrebt sein, andere so zu behandeln, wie wir selbst gern behandelt werden möchten.

Wenn alle Menschen diese Ansicht teilen und wir liebevoller miteinander umgehen würden, bräuchte ich dieses Buch jedoch nicht zu schreiben. Gerade aus dem Grund möchte ich Ihnen dabei helfen, sich in einer immer mehr dem Konkurrenzdenken verfallenden Welt zu behaupten, und Sie in die Lage bringen, Ihre Würde verteidigen zu können.

Und in manchen Fällen lässt sich Feuer eben – *leider* – nur mit Feuer bekämpfen.

Haben Sie den Ruf eines „zu netten" und harmoniebedürftigen Menschen, können Sie mit einer schlagfertig vorgetragenen Boshaftigkeit eine besonders starke Wirkung erzielen und diesen Ruf ändern (wenn Sie das denn möchten). Vor allem da andere Ihnen so etwas eigentlich nicht zutrauen, beeindrucken Sie mit einer solchen Aussage. Zumal Sie dabei *sich selbst* beweisen, dass Sie durchaus in der Lage sind, schlagfertig und selbstbewusst zu reagieren.

Wieviel Frechheit ist erlaubt?

Gerade aufgrund der letzten Methode (**Etwas Bosheit schadet nicht**) stellt sich jedoch die Frage, wieviel Sie sich überhaupt erlauben dürfen. Besonders am Arbeitsplatz und im beruflichen Kontext gibt es Grenzen, die man besser nicht überschreiten sollte.

Klar, wenn man sich gegen böswillige Kommentare verteidigt, hat man eine gewisse Freiheit, die es einem erlaubt, auch mal zu härteren Mitteln zu greifen. Es macht aber einen Unterschied, ob Sie bloß mit einer Bekannten frotzeln oder Ihren Vorgesetzten mit einem aggressiven Spruch kontern.

Es kann zum einen das Arbeitsverhältnis und -klima immens belasten, wenn Sie es sich mit Kollegen und Vorgesetzten durch allzu impulsive Erwiderungen und freche Sprüche versscherzen.

Zum anderen leidet auch Ihr Ansehen darunter, wenn Sie zu taktlos und unüberlegt antworten. Das kann dazu führen, dass Ihre Mitmenschen Ihnen aus dem Weg gehen und Sie isolieren, weil Ihre Art als schlichtweg unfreundlich eingestuft wird.

Am Ende des Tages ist es eine Frage der Umstände, wie frech Sie sein können und was Sie sich erlauben dürfen, ohne es sich mit Ihren Mitmenschen zu verscherzen. Im Allgemeinen gilt: Verschaffen Sie sich den nötigen Respekt, indem Sie eine schlagfertige Antwort liefern, wenn's darauf ankommt. Aber überspannen Sie den Bogen nicht. Irgendwann ist das Maß auch voll.

Folgende Faktoren sollen dabei dienen, die „Stärke" Ihrer Antwort richtig abzuschätzen:

- **Schärfe des Angriffs:** Einen harmlosen Seitenhieb sollten Sie nicht mit maximaler Aggression erwidern. Das wäre unverhältnismäßig und unfair. Wer Sie hingegen bloßstellen will und bewusst attackiert, der sollte von Ihnen eindrücklich in die Schranken gewiesen werden. Zeigen Sie, dass Sie so nicht mit sich umgehen lassen!

- **Humorfähigkeit des Gegenübers:** Es gibt Menschen, die einfach keinen Spaß verstehen. Und schon gar nicht, wenn dieser auf ihre Kosten geht. In solchen Fällen sollten Sie behutsam vorgehen. Bei denjenigen, die über einen ausgeprägten Sinn für Humor verfügen, können Sie natürlich mehr wagen und offener zurückschießen.

- **Selbstwertgefühl des anderen:** Auch sind manche sensibler und können durch allzu harte Antworten verletzt werden. Ist Ihnen Ihr Gegenüber auf intellektueller Ebene unterlegen und hat darüber hinaus nicht das höchste Maß an Selbstbewusstsein, sollten Sie von einem überaus heftigen Konter absehen. Das könnte seinen Selbstwert *zerstören* oder die Person zumindest für längere Zeit kränken.

- **Abhängigkeitsverhältnis:** Ist die Person, mit der Sie einen Schlagabtausch haben, in einer höheren Position und Sie von ihr abhängig? Zum Beispiel der Vorgesetzte oder ein wichtiger Kunde Ihres Unternehmens? Dann sollten Sie es nicht übertreiben. Sie sind schließlich auf diesen Menschen angewiesen. Das heißt nicht, dass Sie hier überhaupt nicht kontern sollten, lediglich, dass Sie nur im äußersten Fall die letzte der vorgestellten Strategien anwenden sollten.

- **Publikum:** Hier kann es besonders heikel werden. Wenn die Auseinandersetzung vor einem Publikum stattfindet, müssen Sie abwägen. Ist Ihnen die Gunst des Publikums wichtiger als ein unbelastetes Verhältnis zu Ihrem Gegenüber? Denn Sie können nicht beides haben. Entweder Sie wahren Ihr Gesicht, indem Sie schlagfertig kontern, oder das des Gegenübers, der Sie provoziert hat. Um Sie zu warnen: Sie können sein Ehrgefühl extrem verletzen, wenn Sie ihn vor allen Anwesenden bloßstellen. Oder aber Sie lassen seine Bemerkung auf sich sitzen und zeigen damit vor versammelter Mannschaft, dass Sie angreifbar sind.

Und wo bleibt die Moral?

Ich möchte hier ganz deutlich darauf hinweisen, dass Schlagfertigkeit nicht missbraucht werden sollte. Während einige sehr vorsichtig sind und lieber auf einem guten Spruch sitzen bleiben, weil sie sich nicht trauen, anderen zu nahe zu treten, kennen andere keine Skrupel. Manche setzen Schlagfertigkeit ein, nicht obwohl, sondern gerade weil sie damit anderen Schaden zufügen können. Schlagfertigkeit ist für diese Menschen ein Mittel, um das eigene Ego zu stillen und sich überlegen zu fühlen, indem sie andere erniedrigen. Aus ethischen Gründen erachte ich das für falsch und lehne diese Art der Schlagfertigkeit entschieden ab.

Schlagfertigkeit sollte immer ein Mittel sein, die eigene Souveränität wiederherzustellen – gegen Angriffe zu verteidigen, und nicht dazu dienen, anderen wehzutun. Wer auf Kosten seiner Mitmenschen seine vermeintliche Überlegenheit kundtut und Schwächere verhöhnt, zieht zu Recht die Abneigung aller auf sich.

Einfache Konter, die wirken

Sie wissen es ja bereits: Wer Schlagfertigkeit demonstrieren möchte, muss in der Lage sein, sofort zu reagieren. Reflexartig quasi. Sie haben keine Zeit zum Nachdenken! Entweder Sie antworten jetzt sofort oder lassen es bleiben – und schweigen „für immer". Denn auch der kreativste und passendste Konter ist nichts wert, wenn er Ihnen zu spät einfällt.

Bei genauerer Überlegung stellen wir außerdem fest, dass unsere schlagfertigen Zeitgenossen sich nicht jedes Mal einen Spruch ausdenken. Ihre Konter sind zwar nicht immer besonders geistreich und werden gut und gern mehrfach verwendet, doch gerade das macht sie so effektiv. Sie scheuen sich nicht davor, einen mittelmäßigen Konter zwei-, drei- oder auch zwanzigmal abzugeben – und das durchaus in der Gegenwart derselben Personen. Und warum auch nicht? Schließlich lautet Ihr Ziel nicht, einen Wettbewerb für Kreativität und Humor zu gewinnen, sondern schnell und wirksam einen Angriff zurückzuweisen.

Stellen Sie deshalb keine übermäßig hohen Ansprüche an sich selbst und seien Sie nicht perfektionistisch, was schlagfertiges Kontern anbelangt. Ihre Antwort muss nicht preisgekrönt oder wohlüberlegt sein. Hauptsache, Sie sagen überhaupt etwas, was einem Konter irgendwie nahe kommt.

Bevor Sie gar nichts sagen…

… sagen Sie einfach irgendwas. Auch wenn es noch so abwegig und situationsentfremdet erscheint. Allein die Erfahrung, dass Sie nicht wie ein Opfer dastehen, das keinen Pieps von sich gibt, wird Ihr Selbstbewusstsein signifikant erhöhen. Mit der Zeit werden Ihre Antworten automatisch besser und schlagfertiger.

Im Folgenden werde ich Ihnen allseits bekannte Gesprächssituationen und dazugehörige Antwortmöglichkeiten vorstellen. Diese sind, wie bereits gesagt, nicht besonders kreativ. Aber sie bieten den Vorteil, dass Sie sie leicht abrufen und fast überall und jederzeit anwenden können.

Sagen, dass Sie nichts sagen

Sie haben richtig gelesen. Sie sagen Ihrem Gegenüber klar und deutlich, dass Ihnen im Momentkein passender Konter einfällt.

Solange Ihre Reaktion nüchtern vorgetragen wird und Sie Ihrem Gegenüber direkt in die Augen schauen, können Sie offen und ehrlich sagen, dass Sie gerade keine passende Antwort parat haben. Das Wie ist hier sehr wichtig. So bleiben Sie Herr der Lage und geben dies auch Ihrem Gesprächspartner zu verstehen. Im besten Fall verwirren Sie ihn sogar damit.

»Ich habe dem nichts mehr hinzuzufügen.«

»Wenn Sie erwarten, dass ich auf Ihre Aussage eingehe: Das werde ich nicht tun.«

»Ich tu mal so, als hätte ich Sie nicht gehört.«

Ich nix verstehen

Welche Taktik ebenfalls unterschätzt wird, ist die des Nichtverstehens. Wird Ihnen ein schlechter, aber dennoch gemeiner Witz an den Kopf geworfen, braucht Sie das nicht zu ärgern. Sie können schlichtweg erwidern, dass Sie diesen nicht verstanden haben. Das entzieht dem Spruch seine Wirkung und lässt Sie besser dastehen.

»Ich habe nicht verstanden, worauf Du hinauswolltest.«

»Muss ich das verstehen?«

»Haben Sie gerade was gesagt? Ich habe nicht zugehört.«

Es braucht eine gewisse Portion Sarkasmus und man sollte die Botschaft in einem klaren, selbstüberzeugten Ton hervorbringen, um den maximalen Effekt Ihrer Aussage zu erzielen. Es ist auch nicht schlimm, falls Sie dabei überheblich rüberkommen. Schließlich möchten Sie einen Angriff souverän parieren! Wenn man dabei einen fast schon arroganten Eindruck erweckt, ist das eindeutig besser, als stumm und wehrlos eine Schmach über sich ergehen zu lassen.

Was auch eine Möglichkeit ist: Sie lassen den Angriff wiederholen. Fordern Sie Ihr Gegenüber auf, das Ganze noch mal vorzutragen. Entweder in genau demselben Wortlaut oder neu formuliert.

»Das müssen Sie mir bitte noch einmal wiederholen!«

»Sag das bitte noch einmal.«

Beide Varianten sind enorm effektiv. Warum? Keine Sorge, dadurch wird der Spruch nicht „aggressiver" und Ihr Gegenüber auch nicht angriffslustiger. Im Gegenteil. Sie drehen damit auf subtile Weise den Spieß um und sind nun derjenige, der den anderen herausfordert.

Der Angriff verliert dadurch an Wirkung. Ob er nun wiederholt wird oder nicht. So oder so stehen Sie am Ende besser da. Vor allem weil Sie noch den Joker gezogen haben, dass, wenn Ihr Gegenüber den Spruch neu auflegt, dieser dann an Schlagkraft einbüßt.

Sie antworten dann einfach mit der zuvor genannten Gesprächsvorlage und sagen, dass Sie nichts sagen. Nachdem Sie sich den Spruch noch mal in aller Ruhe angehört haben, lassen Sie die Bemerkung unkommentiert.

Die Notbremse

Sollte Ihr Gegenüber zu unsachlichen und besonders unfairen Sprüchen greifen, ziehen Sie die Notbremse. Gerade wenn man Sie Ihrer Herkunft, Ihres Aussehens oder Ihres Geschlechts wegen beleidigt und eine weitere Unterhaltung sinnlos erscheint, beenden Sie einfach das Gespräch und weisen den Angreifer in seine Schranken.

»Das Gespräch ist jetzt beendet. So etwas lasse ich mir nicht weiter bieten.«

»Entweder wir reden vernünftig miteinander, oder ich beende hiermit unsere Unterhaltung.«

»Bleiben Sie sachlich, sonst gehe ich.«

Damit machen Sie klar, dass Sie sich nicht schikanieren lassen. Zumal die Notbremse wirklich sehr einfach anzuwenden ist. Sie brauchen nur einen Satz auswendig zu lernen, den Sie immer verwenden können, wenn jemand unsachlich wird oder Sie beleidigt.

Die Instant-Sätze

Bei den Instant-Sätzen handelt es sich um vorgefertigte Standardformulierungen, die zu vielen unterschiedlichen Situationen passen und gerade durch ihre Einfachheit bestechen.

Mit diesen Instant-Sätzen haben Sie stets unkomplizierte schlagfertige Antworten parat, die keines besonderen Einfallsreichtums bedürfen und langes Überlegen ersparen. Vor allem in Situationen, in denen sonst die Blockade droht, bieten die Instant-Sätze die Möglichkeit, verbale Attacken souverän abzuwehren, ohne dabei großartig nachdenken zu müssen und dabei Gefahr zu laufen, gar nichts zu sagen.

Trotz ihrer universell einsetzbaren Vielseitigkeit kommt es immer auf die Situation und auch auf Ihre Persönlichkeit an, wann Sie mit welchem Spruch erwidern. Schließlich muss das Ganze natürlich klingen und dem Gegenüber auf keinen Fall das Gefühl geben, dass Sie die Erwiderung bloß auswendig gelernt haben! Je überraschender Ihre Antwort kommt, desto stärker ist übrigens der gewünschte Effekt.

Eine kleine Auswahl an wirksamen Instant-Sätzen:

»Klasse. Und jetzt?«

»Hast Du das vorher geplant? Wirkte so einstudiert.«

»War's das schon? Oder haben Sie noch mehr auf Lager?«

»Ich nehme mir lediglich ein Vorbild an Dir.«

»Und sonst geht es Ihnen gut?«

Diese und weitere Instant-Sätze können und sollten Sie nach Ihrem Geschmack abändern, anpassen und neu zusammenfügen. Gern können Sie sich auch eigene ausdenken! Inspiration gibt es zur Genüge in Film, Literatur und nicht zuletzt im Alltag.

Folgende Eigenschaften zeichnen Instant-Sätze aus. Diese sind Voraussetzung, um die Wirkung der jeweiligen Phrasen vollends zu entfalten. Erfüllen Sie einen der Faktoren nicht, könnte es dazu führen, dass Sie Ihre Glaubwürdigkeit aufs Spiel setzen oder zumindest keine überzeugende Antwort abliefern.

- **Kurz und prägnant.** Wirksam sind Instant-Sätze erst, wenn Sie schnell und einfach über die Lippen gehen. Auch kann man sie sich dadurch besser merken.

- **Einfach und nicht speziell.** Allgemeine, universell anwendbare Instant-Sätze haben den Vorteil, dass man sie *überall* gut anbringen kann. Sind diese zu ausgefallen, sind sie seltener passend.

- **Den Angriff zurückweisen.** Es bringt rein gar nichts, wenn Sie Ihren Satz nicht passend einsetzen. Damit auch Instant-Sätze ihre Wirkung erzielen, ist es gut, sich mehrere für verschiedene Situationen zurechtzulegen.

▶ **Verwenden Sie Instant-Sätze sparsam** und auch nur dann, wenn es einen Anlass gibt. Zum Beispiel, wenn Sie verbal attackiert werden. Bringen Sie Abwechslung in Ihr Repertoire und versuchen Sie, die Sätze möglichst cool vorzutragen.

Die Spielverderber-Sprüche

Wie Sie aus den letzten Kapiteln bereits entnommen haben dürften, muss eine (schlagfertige) Antwort nicht immer originell oder einfallsreich sein. Manchmal bringen Sie Ihren Angreifer am besten mit öden und humorlosen Kommentaren zum Schweigen. Richtig angewandt verderben Sie ihm damit den Spaß.

Genau diese Eigenschaft haben Spielverderbersprüche: Sie bieten den Vorteil, Auseinandersetzungen schnell und konsequent zu beenden, noch ehe diese sich richtig entfachen.

Diese Sprüche sind Klassiker, weil wir sie zumeist noch aus der Kindheit kennen. Es sind Sprüche wie: „Schön für dich“ oder „Du weißt Bescheid“, die extrem banal und zugleich doch sehr effektiv sind.

„Schön für dich“

Fangen wir gleich mit dem ersten und bekanntesten Klassiker an. Stellen Sie sich vor, jemand gibt sich große Mühe und packt voll gegen Sie aus. In dem Angriff steckt richtig Energie drin! Doch Sie erwidern bloß schulterzuckend: „Schön für dich.“ Geeignete Alternativen sind: „Pech für dich“, „Kann man nix machen“ und „Na, dann freu dich mal“. Mit solchen Antworten lassen Sie – egal wie blöd der Spruch war – die Bemerkung einfach an sich abprallen. Das Beste ist aber: Sie geben Ihrem Gegenüber das Gefühl, dass seine Bemühung, Sie bloßzustellen, ziemlich umsonst war.

„Du siehst ganz schön verpennt aus.“
»Schön für Dich.«

„Sie wohnen ja noch bei Ihren Eltern. Lächerlich!“
»Traurig, aber wahr!«

„Du bist zu sensibel.“
»Kann man nix machen.«

„Mir scheint, als wärest Du unsportlicher als ich.“
»Na, dann freu Dich mal«

„Sie kennen sich aus!“
Ähnlich lapidar ist der Kommentar „Sie kennen sich aus“ oder in abgewandelter Form „Du weißt Bescheid.“ In einem kühlen Tonfall vorgetragen und mit einer gewissen Ironie, ja sogar Häme, die Sie stimmlich in Ihre Aussage einbauen, fordern Sie den Angreifer auf besondere Weise heraus und setzen ihn unter Druck.

„Ein kaltherziger Egoist bist Du!“
»Du weißt Bescheid.«

„Ihr Büro sieht aus wie eine Müllhalde.“
»Sind Sie da Experte?«

„Nervensägen wie Sie sollte man einsperren.“
»Sie kennen sich aus.«

„Du tust fast so, als ob das was Schlimmes wäre“
Vielleicht kein ultimativer Klassiker – diese Antwortmöglichkeit gehört jedoch zu der humorvolleren und schlagfertigeren Sorte der Spielverderbersprüche. Sie hören sich einen Vorwurf an und sagen dann ein wenig überrascht: „Sie tun ja fast so, als ob das was Schlimmes wäre!“ Damit entwaffnen Sie den Angriff und ernten im Optimalfall sogar ein paar Lacher. Auch können Sie etwas sagen wie: „Das zeichnet mich nun mal aus“ oder „Das macht mich eben so erfolgreich!“

„Deine Witze werden immer schlechter.“
»Du tust ja fast so, als ob das was Schlimmes wäre.«

„Wieso trägst Du eigentlich diese komische Mütze?“
»Sie zeichnet mich nunmal aus.«

„Sie reden schneller als Sie denken.“
»Das ist mein Erfolgsgeheimnis.«

„Mir doch egal“
Kommt der ersten Strategie sehr nahe. Mit dem Standardspruch „Es ist mir egal“ beziehungsweise „Na und? Ich habe kein Problem damit“ implizieren Sie, der Angreifer kümmere sich um kleinliche Dinge, die ihn vor allem gar nichts angehen.

Schließlich ist es Ihre Sache, wie Sie reden, aussehen und sich geben, anziehen und sich verhalten. Es braucht Sie also nicht zu kümmern, wenn nicht allen Ihre Art gefällt. Machen Sie diese Einstellung am besten auch in einem gleichgültigen Ton deutlich.

„Deine Schuhe sind so unfassbar hässlich."
»Mir doch egal.«

„Mann, hast du komische Freunde."
»Na und?«

„Das Sandwich, das Sie essen, sieht nicht gerade appetitlich aus."
»Ich habe kein Problem damit. Sie etwa?«

Der Sinn hinter den Spielverderbersprüchen ist *nicht*, einen Streit ins Rollen zu bringen, sondern vielmehr seinem Gegenüber deutlich zu machen, dass man taktlose Bemerkungen kurz, aber konsequent abwürgt.

Sie dürfen nicht auf weitere Kommentare eingehen oder sich rechtfertigen! Nutzen Sie einen der Spielverderbersprüche, erklären Sie damit faktisch, dass das Thema für Sie beendet ist. Wenn der andere weiter darauf rumreitet, so wenden Sie sich einfach ab.

Schlagfertigkeit für Anfänger – Zusammenfassung (III)

WARUM WIR UNS SELBST IM WEG STEHEN

- Wir wissen nicht, was der andere sagen wird – deshalb sind wir manchmal wie **blockiert**, wenn man uns unerwartet mit einem blöden Spruch attackiert.

- Oftmals handelt es sich dabei um **alltägliche Situationen**, denen ein Überraschungseffekt innewohnt. Der Gesprächsablauf entspricht nicht dem Gewohnten und wir haben keinen Plan, wie wir reagieren sollen.

- **Fünf Faktoren** verursachen zumeist die Blockade: Man überrascht uns böse und bedroht gar die eigene Souveränität, das Gespräch ist uns zu schnell, der Selbstwert ist angegriffen und wir stehen möglicherweise unter Stress.

DIE BLOCKADE ÜBERWINDEN

- Es hilft nur **Vorbereitung**. Machen Sie sich zunächst mit den Grundsätzen selbstbewussten Auftretens vertraut, üben Sie schlagfertige Formulierungen im Voraus und legen Sie Ihren Fokus auf die am häufigsten vorkommenden Situationen.

- Reagieren Sie **sachlich**. Sie können die Sache auch mit **Humor** aufnehmen oder Ihre Antwort mit ein wenig **Bosheit** würzen.

- Wichtig ist zu zeigen, dass Sie der Situation **gelassen** gegenüberstehen und sich verteidigen. Verschaffen Sie sich **Respekt** und machen Sie deutlich, dass Sie eine starke **Persönlichkeit** mit hohem Selbstwertgefühl sind.

WIEVIEL FRECHHEIT IST ERLAUBT?

- Es hängt von der **Situation** und Ihrem **Gegenüber** ab, wie „heftig" Ihre Antwort ausfallen darf.

- Dabei spielen sowohl die **Schärfe des Angriffs,** die **Humorfähigkeit** und das **Selbstwertgefühl** Ihres Gegenübers als auch das **Abhängigkeitsverhältnis** eine Rolle.

- Entscheidend ist auch, ob Sie vor einem **Publikum** diskutieren oder nicht.

- Schlagfertigkeit sollte immer ein Mittel sein, die eigene **Souveränität** wiederherzustellen, und niemals dem Zwecke dienen, Ihr Gegenüber zu verletzen.

EINFACHE KONTER, DIE WIRKEN

- Einfache Konter helfen Ihnen dabei, **schnell** eine wirksame Antwort abzufeuern, die leicht über die Lippen geht.

- **Reagieren Sie sofort!** Es muss nicht jedes Mal ein neuer Spruch sein. Lieber irgendetwas als gar nichts sagen.

- Werden Sie nicht zum Sprücheklopfer und verwenden Sie die Instant-Sätze **sparsam** und mit Bedacht.

DIE SPIELVERDERBER-SPRÜCHE

- Trockene und fast schon langweilige Kommentare können sehr wirkungsvoll sein: Diese **verderben dem Gegenüber den Spaß** und machen es ihm schwer, Sie anzugreifen.

- Spielverderber-Sprüche dienen vorrangig einem bestimmten Zweck: Sie setzen Verbalattacken ein **jähes Ende** und geben Ihnen die Möglichkeit, sich von nervigen Gesprächspartnern ohne weiteres abzuwenden.

IV. Harte Schlagfertigkeitstechniken

Im vierten Teil des Buches soll es um erweiterte Schlagfertigkeitsstrategien gehen. Hier lernen Sie harte Schlagfertigkeitstechniken kennen. Es sind Techniken, die teilweise sehr mächtig sind und zur hohen Kunst der Schlagfertigkeit zählen. Mit diesen können Sie selbst die gemeinsten und unfairsten Angriffe geschickt abwehren – und dazu einen starken Gegenangriff einleiten. Es ist an der Zeit, die schweren Geschütze aufzufahren.

Was wäre ein Buch über Schlagfertigkeit, wenn es zu den gemeinsten und unfairsten Attacken keine passenden Gegenangriffe bieten würde, die ins Schwarze treffen und mindestens genauso frech sind wie der Angriff?

In den folgenden Kapiteln soll es nämlich genau darum gehen. Sie lernen hier, wie Sie nervigen Bekannten, vorlauten Kollegen und aufdringlichen Nachbarn für ihre blöden Bemerkungen endgültig die Stirn bieten. Manchmal ist es mit einem „Schön für dich" oder „Mir doch egal" nämlich nicht getan. In den ganz heiklen Fällen bedarf es mehr als eines klassischen Spielverderberspruchs oder eines Instant-Satzes. Es bedarf in diesen Situationen der harten *Schlagfertigkeitstechnik*.

Was für Situationen könnten das sein?

- **Man macht Witze auf Ihre Kosten.**
- **Ihre persönliche Würde wird angegriffen.**
- **Jemand möchte Sie vor anderen bloßstellen.**
- **Man will Sie bewusst kränken oder sogar verletzen.**

Das eine schließt das andere nicht aus. Will heißen, diese vier Faktoren können auch auf eine einzige Situation zutreffen. Und solche Momente haben absolut nichts mehr mit Spaß zu tun. Auch wenn Ihr Gegenüber das vielleicht behauptet. Ist Ihre Würde angegriffen und das gewollt, bleibt Ihnen keine andere Wahl, als das Gespräch mit dieser Person zu suchen – oder zurückzuschlagen. Und zwar so, dass sich so schnell niemand mehr traut, Sie zu attackieren.

Sie sollten sich aber bewusst sein, dass die hier vorgestellten harten Schlagfertigkeitstechniken nicht umsonst zu den harten Antwortmöglichkeiten zählen.

Auch Sie können damit anderen vor den Kopf stoßen. Sie müssen sich an einem gewissen Punkt auch die Frage stellen: „Möchte ich für immer das Opfer bleiben und von anderen verletzt werden? **Oder möchte ich zeigen, dass auch ich mich zur Wehr setzen und mir endlich den Respekt verschaffen kann, der mir zusteht?"**

Es liegt, wie so oft, ganz an Ihnen. Sie haben die Verantwortung, die Umstände zu Ihren Gunsten zu verändern und auf Ihre Mitmenschen Einfluss zu nehmen. Und zwar insofern, als Sie anderen unmissverständlich klarmachen, dass Sie unangreifbar sind und man es sich mit Ihnen lieber nicht verscherzen sollte. Wenn's zu viel ist, ist's zu viel. Und an der Zeit, Widerstand zu leisten und, wenn nötig, in die Offensive überzugehen.

Bevor wir fortfahren, möchte ich Sie aber um eine Sache bitten. Und zwar möchte ich, dass Sie sich selbst das Versprechen geben, diese Taktiken nicht für böswillige Zwecke zu missbrauchen und anderen damit keinen Schaden zuzufügen.

Nutzen Sie diese Strategien erst und nur dann, wenn Sie sich wirklich verteidigen und Ihre Würde vor schlimmen Attacken schützen. Denn dafür sind diese Techniken auch gedacht. Sie stellen die schlagfertigsten und womöglich auch sichersten Konter dar, wenn Sie es mit bösen Kommentaren der allergemeinsten Sorte zu tun haben. Außerdem haben diese – neben dem Abwehrfaktor – den Effekt, dass Sie damit Ihren Angreifern und ärgsten Feinden signalisieren:

„Es ist vorbei. Du machst mich nicht mehr fertig. Ich habe die Kontrolle über die Situation und nehme das Ruder in die Hand!"

Klassischer Gegenangriff

Der klassische Gegenangriff beschreibt einen einfachen Konter, der sofort und schlagfertig wirkt. Dieser Konter ist zumeist sehr kreativ und nimmt direkten Bezug auf die Aussage des Angreifers.

Es handelt sich um eine Strategie, die viele Eigenschaften in sich vereint. Je nachdem wie (und bei wem) man diese Technik anwendet, kann sie gnadenlos sein und den anderen verärgern – oder humorvoll und belustigend. Sie ist elegant und durchschlagend zugleich. Doch ist der klassische Gegenangriff vor allem durch drei Hauptmerkmale gekennzeichnet: Er ist spontan, angriffslustig und anstatt sich zu rechtfertigen, fordert man seinen Angreifer heraus.

Ich möchte Ihnen nun ein Beispiel vorstellen, das zeigt, warum der klassische Gegenangriff zwei Gestalten annehmen kann und wie er in unterschiedlichen Situationen unterschiedliche Ziele verfolgt.

Axel befindet sich in einem unorganisiert gehaltenen Meeting. Er würde seine Zeit viel lieber sinnvoller nutzen und fängt an, sich private Notizen zu machen. Da wird er auch schon von seiner Kollegin angeblafft:

„Herr Hofmann, geht's noch?"
»Nein, aber fast.«
„Was ist das bitte für eine dumme Antwort?"
»Sie fragen aber auch dumm.«

Später am Abend trifft sich Axel mit seinen Jungs, um Fußball zu spielen. Alle sind bester Laune. Wie man es im Sport nunmal so macht, spucken die gegnerischen Teams vor dem Duell große Töne.

„Ha, Axel! Wir machen euch fertig! Ihr Nieten könnt euch auf eine Blamage gefasst machen."

»Wenn sich hier jemand auf eine Blamage gefasst machen sollte, dann seid ihr es.«

Die Vorfreude auf die Partie könnte kaum größer sein. Beide Mannschaften sind heiß auf den Sieg.

Sie sehen, in beiden Fällen wurde schlagfertig geantwortet und das Gegenüber mit einer offensiven Antwort zum Schweigen gebracht. Doch während in der ersten Situation der Konter frecher Natur war und man sich für die fiese Bemerkung bei der nervigen Kollegin revanchierte, wurde im zweiten Fall ein Gegenangriff auf humorvolle Weise vorgenommen.

Es ist wichtig, den Kontext der Situation richtig einzuschätzen und je nachdem „lustige" oder „harte" Gegenangriffe richtig abzuschätzen und perfekt zu timen.

Weitere sehr gute Beispiele sind:

„Du bist nicht schön genug."
»Wer im Glashaus sitzt, sollte nicht mit Steinen werfen.«

„Sie sind nicht mehr der Jüngste. Mit der Blase läuft's nicht mehr ganz so rund, oder?"
»Im Gegensatz zu Ihnen habe ich untenrum keine Probleme.«

„Mit wie vielen Männern hast Du eigentlich schon verkehrt?"
»Mit weniger als du, soviel steht fest.«

„In Ihrer Erziehung ist offensichtlich etwas schief gelaufen."
»Wenigstens habe ich eine Erziehung genoßen.«

Sie müssen es sich so vorstellen, dass Sie das Messer umdrehen und den Angreifer mit seinen eigenen Worten angreifen. Der Fokus liegt also darauf, den Vorwurf abzuwehren, umzudrehen und ihn gegen den Angreifer zu richten.

Oder in anderen Worten: Das schlechte Bild, das der Angreifer von Ihnen gezeichnet hat, malen Sie einfach weiter – mit dem Unterschied, dass nun er in den Mittelpunkt rückt.

Dabei ist wohl nichts wichtiger, als dass Sie sich unter keinen Umständen aus der Ruhe bringen lassen, wenn Sie den Vorwurf hören und gleichzeitig Ihren Gegenangriff sachlich, kühl und bestimmt vortragen. Sollten Sie Anzeichen von Emotionen signalisieren, war's das mit dem perfekten Gegenangriff. Dann entsteht nämlich der Eindruck, dass man Sie doch getroffen hat und Sie selbst sogar das Gefühl haben, an der Behauptung sei etwas Wahres dran.

Einen Gegenangriff richtig einleiten

Gehen Sie folgendermaßen vor, um einen wirksamen Gegenangriff einzuleiten. Stellen Sie klar, dass die Unterstellung des Angreifers nicht auf Sie, sondern vielmehr auf ihn zutrifft. Teilen Sie dieses Vorgehen in zwei Schritte auf:

1. **Den Vorwurf sachlich von sich weisen**
2. **Auf den Angreifer projizieren**

Wie Sie in den vorher genannten Beispielen bereits erkannt haben, kann beides auch in einer einzelnen Aussage zusammengefasst werden. Letztendlich reicht es schon, den Vorwurf zu spiegeln und „ohne Umwege" zurückzuschießen. Das wird auch „Killerphrase" genannt, da sie einfach und effizient Angreifer abstraft und Sie besser dastehen lässt.

Solche Killerphrasen auf Knopfdruck abrufen zu können ist alles andere als einfach. Mit ein wenig Übung und den richtigen Satzvorlagen können Sie es aber durchaus trainieren, diese in den richtigen Momenten abzufeuern. Aus den obigen Beispielen wird deutlich, wie die Struktur eines Killerphrasen-Gegenangriffs aussieht. Folgende exemplarische Anfänge lohnt es sich einzuprägen:

- *„Im Gegensatz zu Dir …"*
- *„Besser als Du es jemals sein wirst."*
- *„Wenn hier jemand … dann sind Sie es."*
- *„Wer im Glashaus sitzt …"*
- *„Wenigstens habe ich überhaupt …"*

Üben Sie mit diesen Vorlagen. Je häufiger Sie diese Satzvorlagen anwenden, desto besser werden Sie darin, Angriffe für sich zu nutzen. Sobald Sie dieses Gesprächsmuster dann verstanden und verinnerlicht haben, wird es ein Leichtes für Sie, unfaire Verbalattacken und blöde Kommentare schlagfertig zu kontern und dem Angreifer eins auszuwischen.

„Besser als ...“-Methode

Wir machen weiter mit einer recht bekannten Schlagfertigkeitstechnik, die in den Reihen der härteren Methoden ihren berechtigten Platz hat und als besonders effiziente Kontermethode gilt.

Diane wird von einer früheren Schulfreundin auf ihre Kleiderwahl angesprochen und das nicht gerade auf die nette Art und Weise. Der Tonfall der Bekannten ist abfällig.

„Deine Stiefel sehen echt altmodisch aus ...“
»Besser etwas altmodisch als modisch und alt aussehen.«

Die *„Besser als“*- oder auch *„Lieber dick als doof“*-Technik ist eine hervorragende Möglichkeit, dumme und unnötige Bemerkungen schlagfertig zu kontern. Hier geht es nicht darum, abzustreiten, was einem vorgeworfen wird. Man bestätigt die Aussage des Gegenübers ja sogar! Effektiv ist diese Methode deshalb, weil man auf clevere Weise sofort in den Gegenangriff übergeht und den eigentlichen Vorwurf geschickt reflektiert.

So schlagen Sie quasi zwei Fliegen mit einer Klappe. Sie spielen das runter, was man Ihnen an den Kopf wirft, und machen gleichzeitig einen indirekten Gegenvorwurf, sodass Ihr Gegenüber jetzt ganz schön doof dasteht – im Vergleich zu Ihnen. Gemäß dem Motto: Im Gegensatz zu Dir bin ich ja noch gut dran.

„Du bist ein richtiger Esel, weißt du das?“
»Besser ein Esel gewesen als ein Saftsack geblieben.«

„Meine Güte! Du bist ganz schön fett geworden.“
»Lieber ganz schön und fett als mager und ganz hässlich.«

„Sie sind ja noch eingebildeter als ich dachte.“
»Ja! Aber besser eingebildet als ungebildet.«

Das wahrhaft Schöne daran ist aber, dass Ihr Angreifer für einen Moment ganz schön zu knabbern hat an der Antwort. Er muss zunächst kombinieren, erst dann darf er sich ärgern.

Sie sollten sich aber vor Augen halten, dass diese Methode nicht immer zielführend ist. Denn Sie stimmen dem Ihnen vorgetragenen Vorwurf schließlich zu! Handelt es sich dabei um folgenschwere Anschuldigungen, ist es ratsam, eine andere Strategie zu verwenden. So sollten Sie folgende Situation unbedingt vermeiden:

Kaffeepause. Peter hört, wie sein Kollege Michael im Nebenraum über ihn ablästert:

„Hast Du gesehen, wie Peter die neue Kollegin angafft. Der sabbert ja schon fast."

Ohne zu überlegen, platzt Peter ins Gespräch und erwidert:

»Besser die Kollegin angaffen als …«

Und erst jetzt fällt ihm auf, was für ein Schuss ins eigene Bein das doch ist. Ganz egal, was er dann noch hinzufügt.

Achten Sie also unbedingt auf die Situation und was Sie bereitwillig bestätigen, bevor Sie von dieser Taktik unüberlegt Gebrauch machen. Nicht unbedeutend ist das Risiko, dass Sie sich sehenden Auges weiter ins Abseits befördern, wenn Sie nicht aufpassen.

Richtig eingesetzt können Sie damit jedoch klasse kontern und Ihr Gegenüber mit Ihrer Antwort alt aussehen lassen.

Sarkasmus-Defensive

Hier werden zwei Schlagfertigkeitstaktiken vorgestellt. Sie unterscheiden sich zwar deutlich voneinander, sind aber beide auf ein ähnliches Grundmotiv zurückzuführen. Lassen Sie es mich kurz anhand zweier Beispiele illustrieren:

Übertreiben:

„Du bist wirklich naiv."

»Das stimmt. Ich glaube auch noch an den Weihnachtsmann.«

Umformulieren:

„Du bist wirklich naiv."

»Wenn Du unter naiv jemanden verstehst, der mit Zuversicht durchs Leben schreitet: Ja, das bin ich.«

Sehen Sie den Unterschied? Oder besser gesagt: Sehen Sie die Gemeinsamkeit? **In beiden Fällen bestätigen Sie den Vorwurf**. Doch während bei der ersten Variante ein Vorwurf übertrieben wird und Sie sich indirekt über Ihren Angreifer lustig machen, drehen Sie bei der zweiten Möglichkeit die Aussage um und verwandeln eine vermeintlich negative Eigenschaft in eine durchaus positive.

So oder so — Sie entschärfen den Angriff. Und haben gegebenenfalls noch Grund, mit Ihrem Gegenüber gemeinsam zu lachen. Wie ich finde, sind dies zwei nette Methoden, schlagfertig zu kontern und zugleich heikle Situationen gekonnt zu deeskalieren.

Übertreiben

Hier geht es darum, einen Vorwurf zu bestätigen – doch nur, um diesen durch Übertreibung sofort wieder ins Lächerliche zu ziehen. Sie lassen einen Angriff so ins Leere laufen und stellen Ihre Schlagfertigkeit unter Beweis. Schlagfertige Antworten dieser Art entfalten ihre Wirkung am besten, je absurder sie sind.

„Sie haben doch nicht einmal studiert."
»Stimmt. Ich bin aus dem Kindergarten nicht herausgekommen.«

„Dein Verhalten ist ziemlich unreif."
»Exakt. Eigentlich bin ich nur ein Kind im Körper eines Erwachsenen.«

„Sind Sie nicht derjenige, der unsere Firma grundlos verlassen hat?"
»Genau der bin ich. Ich war nur kurz Zigaretten holen.«

„Du hast ordentlich zugenommen."
»Da gebe ich Dir vollkommen recht. Aber da geht noch mehr, was meinst Du?«

„Sie sind käuflich geworden."
»Absolut richtig. Für Geld mach ich alles! Naja. Fast alles.«

Es gehört eine gute Portion Sarkasmus und Eigenhumor dazu, um diese Form des schlagfertigen Konters überzeugend rüberzubringen. Auch empfiehlt es sich, zwischen überspitzt und theatralisch sowie nüchtern vorgetragenen Antworten zu variieren.

Gleichermaßen sorgen Sie in aller Regel für ein verblüfftes Gesicht und Verwirrung beim Gegenüber. Doch Sie verschaffen sich damit auch Respekt: Nicht jeder kann derart selbstbewusst und intelligent auf Angriffe reagieren!

Je sarkastischer und selbstironischer Sie antworten, desto souveräner werden Sie wahrgenommen. Beides ist mit einem starken Charakter gleichzusetzen. Wer insbesondere in schwierigen Situationen über sich selbst lachen kann, gilt als abgebrüht und unerschrocken.

Was Sie mit dieser Methode außerdem signalisieren – und das finde ich weitaus wichtiger – ist, dass Sie die negative Meinung anderer nicht interessiert. Es ist Ihnen gewissermaßen egal, was andere über Sie denken. Und diese Charaktereigenschaft ist von entscheidender Bedeutung, wenn Sie den Weg einer schlagfertigen, selbstbewussten und vor allem zufriedenen Persönlichkeit gehen möchten.

Umformulieren

Mit dieser Technik geben Sie den Worten Ihres Gegenübers einen veränderten Inhalt. Gemeine Angriffe und gehässige Formulierungen wandeln Sie in positive Aussagen um.

„Du bist eine richtige Zicke."

»Wenn Du unter Zicke eine selbstbewusste Frau verstehst, die für ihre Werte einsteht und ihre Interessen mithilfe effektiver Gesprächstechniken durchsetzt, dann gebe ich Dir natürlich Recht.«

„Sie verhalten sich, als wären Sie geistig nicht mehr in Ordnung."

»Wenn Sie damit ausdrücken wollen, dass ich ein kreatives Genie bin, dann haben Sie natürlich vollkommen Recht.«

„Ihr Benehmen würde ich allenfalls als kleinlich beschreiben."

»Wenn Sie mit kleinlich meinen, dass ich genau vorgehe und gründlich arbeite, dann liegen Sie absolut richtig.«

Mit diesen Umformulierungen entschärfen Sie heikle Situationen auf nachhaltige Art und Weise und wirken außerdem sehr wortgewandt. Sie verdrehen dem Angreifer seine Worte im Mund. Er meinte schließlich etwas ganz anderes.

Außerdem ist es nicht allzu schwierig, eine solche Antwort richtig aufzubauen.

Die Struktur lässt sich in drei Teile gliedern:

- **Wenn Sie damit meinen... / Du darunter verstehst...**
- **[positive Eigenschaft nennen und auf sich beziehen]**
- **... dann gebe ich Ihnen Recht. / ... liegen Sie goldrichtig.**

Es besteht natürlich immer ein Stück weit die Gefahr, dass der Konter Ihr Gegenüber kaltlässt, er darauf anspringt und so was sagt wie: „Nein, ich meine etwas ganz anderes..." – und dann so richtig gegen Sie ausholt. Aufgrund des Überraschungseffekts dieser Taktik passiert das recht selten, ist aber nicht ausgeschlossen.

Komplimente

Eine sehr subtile Art, Angriffe auszuhebeln und Ihr Gegenüber zu verunsichern, ist die Strategie der fiesen Komplimente.

Wichtig ist wie immer, zu unterscheiden: Die Komplimente können Sie entweder aufrichtig oder giftig vortragen.

(1) Aufrichtig loben

Hier weisen Sie den Angreifer meist auf seine Rücksicht hin, sich Gedanken um Sie zu machen und eben um das Beste bemüht zu sein. Sie tun so, als ob Ihr Gegenüber Ihnen helfen möchte, und stellen das Ganze so dar, als wollte er bloß einen konstruktiven Verbesserungsvorschlag äußern. Meist beinhaltet diese Form von Antwort eine Bedankung.

„Bist du denn komplett übergeschnappt?"
»Danke, dass du mich darauf hinweist. Du möchtest helfen, das weiß ich zu schätzen.«

„Sie haben sich schon wieder nicht um den Kunden gekümmert!"
»Ich kann das halt nicht so gut wie Sie ... Können Sie mir zeigen, wie Sie das machen? Sie sind da doch ein Experte für ...«

„Zum wiederholten Male musste ich Deinen Fehler ausbügeln."
»Danke. Du bist ein wahrer Freund. Auf Dich ist stets Verlass!«

Sie können also darauf anspielen, dass die Kompetenzen des anderen die Ihrigen übersteigen. Er kann etwas besser als Sie. Das ist doch gut! Sie können von ihm lernen – fragen Sie ihn danach. Das wird sein Gemüt automatisch besänftigen und ihn aus der Angriffsstellung heraus- und in eine Helferposition hineinbefördern.

Diese Strategie ist eigentlich mehr den eleganten Schlagfertigkeitstechniken zuzuordnen. Aufgrund der Didaktik ist es jedoch sinnvoller, diese den fiesen Komplimenten gegenüberzustellen.

(2) Giftige Komplimente

Auf der anderen Seite können Sie Ihr Kompliment mächtig übertreiben und es dadurch ironisch wirken lassen. Nutzen Sie die Taktik, wenn Ihr Gegenüber einen Egoanfall hat und sich aufplustert. Bestrafen Sie Ihr Gegenüber für seine Überheblichkeit, indem Sie ihn auf den Arm nehmen.

Sie tun dies am besten, indem Sie…

- **Vergleiche zu bedeutenden Persönlichkeiten aufstellen,**
- **gute Eigenschaften des anderen überspitzt darstellen**
- **und Ihrem Gegenüber übernatürliche Fähigkeiten zusprechen.**

Giftige Komplimenten wirken großartig bei überheblichen und arroganten Gesprächspartnern. Mit Phrasen wie diesen holen Sie Großmäuler auf den Boden der Tatsachen zurück. Je überspitzter und dramatischer Ihre Reaktion, desto mehr ziehen Sie den anderen damit ins Lächerliche.

„Ich kann besser Tennis spielen als Sie."
»Sie sind ja auch ein Naturtalent! Boris Becker wäre neidisch.«

„Meinem Kenntnisstand zufolge sind Sie ungenügend ausgebildet."
»Ihre Intelligenz und Ihr Wissen hätte ich gerne! Ich wünschte, ich könnte mir davon eine Scheibe abschneiden.«

„Meine Idee! Auf sowas Geniales wärest Du nie gekommen."
»Sie übertreffen sogar Einstein! Wo bleibt eigentlich Ihr Nobelpreis?«

Sie verstärken die Wirkung zusätzlich, wenn Sie als Zeichen der Bewunderung demjenigen die Hand schütteln und sich kurz so verhalten, als würden Sie es mit einem *sehr* prominenten Menschen zu tun haben.

Gegenfragen

Eine weitere wirksame Strategie, mit der Sie doofe Sprüche hart angehen können, ist die *Gegenfragen-Taktik*.

Auch hier gibt es zwei Varianten, wie Sie am besten vorgehen können. Entweder Sie hinterfragen den Vorwurf oder übertragen diesen direkt auf Ihr Gegenüber. Sie haben also die Wahl, ob Sie sich für die harmlosere (dennoch sehr direkte) Option entscheiden und die Aussage entkräften **oder** ob Sie den Vorwurf als Anlass verwenden, um auf aggressive Weise zurückzufeuern.

(1) Parieren

Im Vordergrund steht weniger der Gegenangriff als vielmehr das Hinterfragen und Abwehren des an Sie gerichteten Vorwurfs. Sie können das Ganze offensiv gestalten und direkt die Aussage abblocken. Genauso dürfen Sie dabei einen sarkastischen Tonfall annehmen und sich über einen Spruch und seinen Sprecher lustig machen. Auch hier funktioniert die Methode nur so lange, wie Ihre Reaktion keine allzu beleidigenden Ausmaße annimmt.

„Du bist als Kind wohl zu oft auf den Kopf gefallen."
»Wie kommst Du darauf? Warst Du dabei?«

„Ich habe gehört, Dein Mann hat eine andere …"
»Geht es Dich was an?«

„Das Auto, das Sie fahren, ist zum Schießen!"
»Habe ich nach Ihrer Meinung gefragt? Daran kann ich mich nicht erinnern.«

(2) Zurückfeuern

Sollte die Bemerkung des Gegenübers gewisse Grenzen des Respekts überschreiten und ganz bewusst auf die Kränkung Ihres Selbstwertes abzielen, so dürfen Sie härtere Gegenfragen stellen, die ruhig aggressiver und frecher ausfallen dürfen.

„Du hattest wohl keine einfache Kindheit. Wundern tut es mich nicht."
»Sagst du das, weil du kein einfaches Leben hast?«

„Ich glaube, Dein Mann weiß, dass Du nicht gut genug für ihn bist …"
»Liegt es womöglich daran, dass Dein Freund mich immerzu anbaggert?«

„Ihre Schrottkarre passt zu Ihrer Persönlichkeit — hässlich und armselig.“
»Sagen Sie das, weil Sie selber keine Persönlichkeit haben?«

Achten Sie auf den Satzbau und die Struktur des Inhalts. Egal wie man es dreht und wendet, auf eine solche Gegenfrage kann man nicht souverän reagieren. Sie schocken den Angreifer regelrecht und versperren ihm jegliche Flucht- und Ausweichmöglichkeit.

Der Schlüssel liegt in der Formulierung „Sagen Sie das, weil…“. Es ist eine Ja-Nein-Frage, die Diskussionen ausschließt und Quasitatsachen hervorhebt, die das Gegenüber in ein sehr schlechtes Licht stellen und ihn überdies verunsichern. Diese Sachverhalte müssen auch nicht immer wahr sein – Hauptsache, Sie bringen Ihre Antwort überzeugend rüber und drücken damit dem Angreifer so richtig eine rein.

Mit solchen Antworten können Sie die Person, von der Sie vorsätzlich beleidigt wurden, buchstäblich außer Gefecht setzen. Das ist Schlagfertigkeit vom Allerfeinsten. Sie können sich sicher sein, dass Sie mit dieser Variante den Angreifer bloßstellen und seine Worte erstklassig gegen ihn verwenden. Er wird sich wünschen, Sie nie provoziert zu haben, und die Attacke gegen Sie für lange Zeit bereuen.

Die Übersetzertaktik

Etwas anders funktioniert die Übersetzermethode. Sie eignet sich besonders gut bei Angriffen, die uns „durch die Blume“ an den Kopf geworfen werden, sprich wenn man uns *indirekt* einen Vorwurf macht. Genauso aber kann sie zum Einsatz kommen, wenn wir offen beleidigt oder unsachlich kritisiert werden. Die Übersetzertechnik ist eine tolle Möglichkeit, schlagfertig zu reagieren, einen Angriff runterzuspielen und die Schuld von uns zu weisen.

Holger trifft im Büroflur auf seine Vorgesetzte. Nach dem üblichen Smalltalk macht seine Chefin eine unschöne Bemerkung:

> „Übrigens, wegen unserem neuen Lieferanten. Die anderen haben das super hinbekommen. Sogar Frau Treck hatte keine Probleme. Was jedoch Ihre Leistung angeht ...“ **[keine weitere Aussage]**

> *»Wollen Sie damit sagen, dass es mir an Vorbereitung gemangelt hat? Oder geht es um was anderes? Ihnen ist vielleicht nicht bewusst, wieviel Zeit und Arbeit ich in das Projekt investiert habe. Mehr als Sie denken.«*

Oder, wenn Sie noch mehr in die Offensive gehen wollen:

> *»Finden Sie etwa, ich arbeite schlechter als die anderen? Dann sagen Sie das doch so, ohne überflüssiges Drumherumreden. Wir können das hier und jetzt klären und die Sache aus der Welt schaffen.«*

Wichtig ist, dass Sie den Vorwurf zuerst übersetzen: „Willst Du mir damit sagen...“, „Sie finden also...“, „Wollen Sie etwa darauf hinaus...“ — aber nur, um dann nach einer kurzen, wirkungsvollen Pause entweder das Gegenteil zu behaupten oder eben eine klare Ansage folgen zu lassen.

Es ist so oder so eine sehr direkte Variante, mit der Sie dem anderen zu verstehen geben, dass Sie bedingungslose Ehrlichkeit erwarten oder der Vorwurf einfach nicht der Realität entspricht. In beiden Fällen demonstrieren Sie Charakterstärke und Integrität, weil Sie geradeheraus die Hintergründe des Vorwurfs ansprechen und dabei gegebenenfalls auf Ihre Unschuld hinweisen. Auch machen Sie sichtbar, dass Ihr Gegenüber nicht den Mut hatte, die Situation konkret anzusprechen. Das lässt ihn schlecht dastehen. Außerdem bieten Sie dem Gegenüber auch die Möglichkeit, das Problem konkret zu benennen, was letztendlich für alle von Vorteil ist und zu einer konstruktiven Lösung des Problems führt.

Niemals rechtfertigen!

Das Beste an dieser Methode ist jedoch, dass nicht *Sie* anfangen sich zu rechtfertigen, sondern Sie *den anderen* in diese Rolle hineinzwingen. Ihr Gegenüber muss nun erklären, wie er zu seiner Schlussfolgerung gekommen ist und warum und weshalb er ausgerechnet Sie beschuldigt.

Sie erschweren ihm diese ohnehin sehr unangenehme Aufgabe zusätzlich, wenn Sie ihm widersprechen und Vorwürfe als schlichtweg falsch entlarven können. Sie betonen dann, dass Sie ein hart arbeitender und aufrichtiger Mensch sind, weshalb der andere so gut wie immer (gezwungenermaßen) den Vorwurf runterspielen wird und von sich aus sein Argument entkräftet.

Die Person weiß, dass sie in diesem Moment sehr vorsichtig sein muss mit dem, was sie sagt oder eben nicht sagt. Schließlich haben Sie soeben auf eindrucksvolle Art und Weise deutlich gemacht, dass Sie mit falschen Anschuldigungen sehr konsequent umgehen! Aus psychologischer Sicht ein unglaublich cleverer Schachzug, wie ich finde.

„Als Vater wirst Du Dich wohl um deine Tochter kümmern!“

»Willst Du mir damit sagen, dass ich meine Kinder vernachlässige? Ich bin ein sehr verantwortungsvoller Vater und das sollte Dir eigentlich klar sein.«

„Du machst keine besonders gute Figur in dem Kleid, Schatz.“

»Du möchtest mir also sagen, ich sei nicht schön genug für Dich? Du kannst Dir gerne eine andere suchen, der das Kleid besser steht als mir. Ich finde, ich sehe toll aus.«

„Leider ist der Auftrag durch einen Fehler verloren gegangen…“

»Unterstellen Sie mir etwa, ich sei schuld daran? Sie wissen ganz genau, dass ich mein Bestes gegeben habe.«

Auf alle Beispiele übertragen, könnten mögliche Antworten des Angreifers in etwa so aussehen: „Das war nicht so gemeint“, „Nein, auf keinen Fall!“ oder „Ich wollte nur damit sagen, dass…“

Das passiert in aller Regel aber in einem konstruktiv-sachlichen Ton. Wie eben schon gesagt: Ihr Gegenüber ist jetzt in einer Situation, in der er (oder sie) *sich* rechtfertigen muss. Und das spielt Ihnen immer in die Karten. Sie gewinnen Kontrolle über das Gespräch und können nun abblocken, nachbohren oder eben die Wogen glätten.

Es kommt natürlich auch immer auf den Ton an, in dem der Vorwurf vorgetragen wird. Da müssen Sie aufpassen. Manchmal ist es auch gar kein Vorwurf, sondern nur eine ehrliche Aussage, die keiner bösen Intention unterliegt. Auf eine neutrale Aussage antworten Sie in einem nüchternen Ton (oder geben den Vorwurf zu, sollte dieser tatsächlich stimmen). Ein Vorwurf, der sofort als giftig und unwahr identifiziert werden kann, wird bissiger erwidert und scharf gekontert.

Daher ist es wichtig, dass Sie stets selbstkritisch bleiben. Nur so können Sie die Aussagen Ihrer Mitmenschen richtig einordnen und adäquat reagieren. Blocken Sie stets jegliche Kritik mit den hier vorgestellten Methoden ab – auch berechtigte – verlieren diese ihre Wirkung.

Die Diplomatenzunge

Die Strategie „Diplomatenzunge" klingt doppeldeutig. Ist sie auch. Hier geht es darum, dass Sie einen unfairen Angriff auf eine sachliche Ebene bringen und damit den Angreifer zügeln. Anstatt seine Worte gegen ihn zu verwenden und den Konflikt weiter anzuheizen, manipulieren Sie ihn, indem Sie Klartext reden.

Diese Strategie ist insofern den harten Schlagfertigkeitstechniken zuzuordnen, als Sie schonungslos mit den Gefühlen Ihres Angreifers spielt – und das, ohne dass er richtig davon weiß.

Mit der diplomatischen Zunge wehren Sie schwere Beleidigungen und unfaire Äußerungen ab, indem Sie diese umdeuten und die Absicht dahinter interpretieren. Sie entschärfen nicht nur den Angriff, sondern lenken die Aufmerksamkeit auf die Motive des Angreifers, welche zumeist alles andere als ehrenhaft sind. Oftmals werden diese durch sein geringes Selbstwertgefühl hervorgerufen.

In der Mittagspause speist die IT-Abteilung an einem Tisch. Fred, der Neue, will sich gerade zu ihnen setzen und sich vorstellen, als Markus, der als das Großmaul und „Kollege Oberwichtig" bekannt ist, ihm zuruft:

„Hey Du, Neulinge müssen sich ihren Platz hier erstmal verdienen."

Nach einer kurzen Pause sagt Fred in ruhigem Ton:

»Du bist also das Alpha-Tier der Abteilung. Ich kann verstehen, dass Du Angst hast, ich könnte Dir Deinen Platz als Leitwolf streitig machen. Sei beruhigt: Das habe ich nicht vor. Ich setze mich trotzdem hierhin.«

Das Prinzip: Sie nutzen die Aussage des Gegenübers zu Ihrem Vorteil und beleuchten seine Motive. Böse Tatsachen, die Ihnen unterstellt, oder Beleidigungen, die Ihnen an den Kopf geworfen werden, verwenden Sie, um das Gespräch abzukühlen und die wahre Absicht des Angreifers offenzulegen. Besonders wirksam ist die Taktik, wenn sie vor einem Publikum stattfindet.

Sie kommunizieren damit auf *subtile, unterschwellige* Art und Weise nichts anderes als:

„Ich bin ein guter Mensch mit edlen Absichten - Du redest in einem respektlosen Ton und unterstellst mir falsche Tatsachen. Ich stehe für friedliche Kommunikation, du feuerst Streit und Konflikt an. Daraus ziehe ich nun Rückschlüsse auf unsere beiden Persönlichkeiten: Ich bin ein besonnener und selbstbewusster Mensch — während Du Probleme mit Deinem Selbstwert hast und unsicher bist. Pass lieber auf, bevor Du Dich ein zweites Mal mit mir anlegst. Ich kann Dich nämlich durchschauen und deine Schwachstellen offenlegen."

Letztendlich geht es immer darum, die Absichten des Angreifers aufzudecken und seine Schwachstellen zu offenbaren. Ob diese Absicht nun der Wahrheit entspricht oder nicht, spielt grundsätzlich keine Rolle. Es geht darum, dass der Angreifer das Gefühl bekommt, dass Sie unantastbar sind — weil Sie in der Lage sind, seine größten Schwächen zu identifizieren und seine aggressive Kommunikation auf diese Mängel zurückzuführen.

Arbeiten Sie mit Unterstellungen

Folgend habe ich für Sie besagte unlautere Motive des Angreifers zusammengefasst. Nutzen Sie diese passend zu der Situation, um Ihren Angreifer bestmöglich zu erwischen, wenn er mal wieder von einer doofen Bemerkung Gebrauch machen sollte.

- **Neid.** Sie unterstellen, dass der andere Sie angreift, weil er es nicht verkraften kann, wie toll, brillant, erfolgreich und gut aussehend Sie doch sind. Die Person kann sich nicht mit Ihnen messen, darum versucht sie, Sie schlechtzumachen. Das Bild, dass Sie dadurch malen, wird Ihrem Kontrahenten zu denken geben. (Vielleicht ist da was Wahres dran?)

- **Selbstüberschätzung.** Sie unterstellen, dass der andere Sie herabsetzt, um sich selbst besser zu fühlen. Das trügerische Gefühl der Großartigkeit ist für ihn aber leider nur von kurzer Dauer. Sie bringen denjenigen auf den Boden der Tatsachen zurück.

- **Grausamkeit.** Sie unterstellen Ihrem Angreifer, dass sein einziges Ziel darin besteht, Sie und andere fertigzumachen. (Was ihm aber nicht gelingt. Denn Sie sind eine starke Persönlichkeit.) Er habe Freude daran, anderen Menschen Leid zuzufügen.

- **Ablenkung von den eigenen Schwächen.** Sie unterstellen, der Angreifer attackiert Sie nur aus dem Grund, Angst zu haben, selbst Opfer von Angriffen auf seine eigenen Defizite zu werden.

Eine Frage der richtigen Antwort

Sie können situationsbedingt selbst entscheiden, ob Ihre Antwort konstruktiv-diplomatisch sein soll (zuerst auf die Ich-Ebene eingehen) oder ob Sie auf die vermuteten Gründe des Angriffs eingehen möchten (sofort auf die Motive Ihres Gegenübers zielen):

»Ich habe das Gefühl, dass Du heute einen schlechten Tag hast …«

»Ich möchte Dir nichts Böses. Du musst nur wissen …«

»Ich kann verstehen, wenn das für Sie eine große Rolle spielt.«

»Du brauchst Dir keine Sorgen zu machen, dass …«

»Die Anerkennung vom Chef ist Ihnen wichtig. Habe ich Recht …?«

»Sie sind scheinbar verunsichert, weil …«

»Dein Status in der Gruppe ist Dir offenbar sehr wichtig …«

»Dein Ego erlaubt es Dir nicht, sachlich zu bleiben …«

Eine fortgeschrittene Variante der Diplomatenzunge ist, diese als Frage zu formulieren. Ein Frage ist auch schwieriger zu knacken, weil Ihr Gegenüber diese schlechter abstreiten kann (vor allem weil es keine Ja-Nein-Frage ist).

»Warum ist Dir das so wichtig?«

»Wovon möchten Sie ablenken?«

»Was verunsichert Sie?«

»Warum lässt Du Deinen Frust an mir aus?«

»Wieso hast Du Angst vor mir?«

»Woher kommt Ihre Befürchtung, dass …?«

»Warum projizieren Sie Ihren inneren Ärger auf mich?«

»Wieso fällt es Dir so schwer, Verantwortung zu übernehmen?«

In allen Fällen bewirken Sie vor allem eines: Sie lassen Ihrem Gegenüber keine andere Wahl, als sich zu rechtfertigen. Und das macht die Diplomatenzunge zu einer sehr wirkungsvollen Schlagfertigkeitstechnik. Sie ist schwer zu kontern, Sie wirken dabei keinesfalls aggressiv und Ihr Gegenüber wird gezwungen sich zu rechtfertigen.

Und was, wenn die Diplomatenzunge bei Ihnen angewandt wird? Sollte es passieren, dass Ihr Gegenüber von einer ähnlichen Phrase, wie sie oben stehen, Gebrauch macht, so kontern Sie am besten mit folgender Antwort:

»Möchten Sie mir damit sagen, dass ich meine Gefühle nicht ausdrücken kann?«

Tragen Sie die Frage mit selbstbewusster Stimme vor und lassen Sie die Aussage für ein paar Sekunden wirken. Sollten Sie ein „Ja“ erhalten: Verneinen Sie knapp und gehen Sie in eine Diplomatenphrase über. Damit drehen Sie den Spieß wieder um und sorgen dafür, dass der andere sich rechtfertigt, nicht Sie.

Harte Schlagfertigkeitstechniken - Zusammenfassung (IV)

- Wägen Sie zunächst ab, **wann** Sie zu den harten Schlagfertigkeitstechniken greifen – denn diese haben es in sich.

KLASSISCHER GEGENANGRIFF

- Der klassische Gegenangriff nimmt **Bezug** auf den Angriff und den Angreifer selbst. Dieser kann entweder lustig oder aggressiv ausfallen.

- Dabei können Sie den Vorwurf sachlich von sich weisen und dann auf den Angreifer **übertragen**. Oder aber Sie schießen **direkt** zurück und machen Gebrauch von einer *Killerphrase*.

„BESSER ALS ...“-METHODE

- Sie bestätigen die Aussage, doch nur, um zu zeigen, dass man es **besser** hat (oder besser ist) als sein Gegenüber.

- Machen Sie allerdings nicht unüberlegt Gebrauch von dieser Methode: Bei bestimmten Angriffen rücken Sie sich damit selbst weiter ins schlechte Licht, wenn Sie nicht genau **aufpassen**.

SARKASMUS-DEFENSIVE

- Sie stimmen einem Vorwurf zu – doch nur um diesen wieder zu **entkräften**.

Übertreiben: Sie ziehen den Angriff ins Groteske und machen sich über den Angreifer lustig. Das funktioniert nur mithilfe von Selbstironie und Sarkasmus. Damit zeigen Sie, dass Sie einen starken Charakter haben (Sie können über sich selbst lachen und die Meinung anderer ist Ihnen gewissermaßen egal).

Umformulieren: Sie beweisen Wortgewandheit, wenn Sie einen gemeinen Vorwurf in eine positive Handlung beziehungsweise Eigenschaft uminterpretieren. Die einfache Struktur erleichtert Ihnen dieses Vorgehen.

FIESE KOMPLIMENTE

- Entweder Sie **loben** Ihren Gegenüber und danken Ihm für seine Anregung. Bestenfalls bitten Sie ihn noch um seine Hilfe. Oder ...

- ... Sie übertreiben Ihr Kompliment, und zwar auf eine sehr **giftige** Art und Weise. Sie stellen den Charakter bzw. das Verhalten des Angreifers infrage und bestrafen ihn für seine Überheblichkeit.

GEGENFRAGEN

- Gegenfragen wirken besonders gut bei **nervigen** Gesprächspartnern.

Parieren: Sie wehren den Vorwurf direkt ab. Abblocken ist einfach und erfüllt in aller Regel seinen Zweck: Das Gegenüber lässt von Einem ab.

Zurückfeuern: Die freche Variante. Sie lassen dem anderen keine Fluchtmöglichkeiten mehr offen, wenn Sie eine entwaffnende „weil"-Frage stellen.

ÜBERSETZER-TAKTIK

- Bei der Übersetzer-Taktik geht es darum, sich nicht in die Rechtfertigungsrolle drängen zu lassen, indem man den Vorwurf gekonnt **von sich weist**.

- Manchmal liegt jedoch eine berechtigte Kritik und kein Vorwurf vor: Deshalb auf den **Ton** des Gegenübers achten (freundlich oder gemein?).

DIPLOMATENZUNGE

- Die Diplomatenzunge lenkt den Angriff in eine sachliche Richtung. Sehr zum Nachteil des Gegenübers: Diese Strategie dient dazu, die niederen **Absichten und Motive** des Angreifers zu offenbaren.

- Arbeiten Sie mit **Unterstellungen** und zwingen Sie damit den anderen dazu, sich bei Ihnen zu rechtfertigen.

V. Elegante Schlagfertigkeit

Es muss nicht immer hart zugehen: Schlagfertig zu sein bedeutet auch, freundlich auf gemeine Aussagen zu antworten und Konflikte zu lösen, statt diese weiter zu kultivieren. Humor und Menschenkenntnis spielen dabei eine wichtige Rolle. In diesem Teil lernen Sie verschiedene Möglichkeiten, wie Sie Streitereien friedlich zu Ihren Gunsten beenden sowie Ihre Angreifer besänftigen. Und dabei trotzdem schlagfertig bleiben.

Die vorigen Kapitel bilden so etwas wie das Herzstück dieses Buches. Sie haben gelernt, wie man verschiedenste Formen von Vorwürfen, Beleidigungen und einfach provozierenden Bemerkungen schlagfertig pariert, indem man auch mal zurückfeuert.

Doch bei allem Respekt gegenüber einfachen Kontern und harten Schlagfertigkeitstechniken: Diese sind nicht immer zielführend. Aus dem einfachen Grund, dass ein gewisses Risiko besteht, sein Gegenüber zu verletzen und die Beziehung untereinander nachhaltig zu belasten.

Bitte verstehen Sie mich nicht falsch: Diese Techniken, Strategien und Phrasen haben durchaus ihren Sinn und dürfen in bestimmten Situationen angewandt werden, sollten es sogar. Einfach, weil unsere Würde es manchmal verlangt, verteidigt zu werden, und wir unseren Mitmenschen oft erst durch deutliche Worte zu verstehen geben müssen, dass wir uns nicht alles gefallen lassen. Und nicht jeden dummen Spruch auf uns sitzen lassen.

Es muss aber nicht immer die harte Reaktion oder der fieseste Konter sein, um seinem Angreifer unmissverständlich klarzumachen, dass Schluss mit lustig ist. Sie können dies auch auf friedlicher und versöhnlicher Ebene erreichen.

Um zu gewährleisten, dass Sie in schwierigen Gesprächssituationen nicht nur mit harten Kontersprüchen und ausgeklügelten Antwortreaktionen brillieren, sondern auch die freundliche, aber dennoch würdevolle Schlagfertigkeit für sich beherrschen, widmet sich dieser Teil des Buches genau dem.

Hier lernen Sie unter anderem, wie es Ihnen gelingt, mithilfe einfacher Methoden Ihre Gesprächspartner zu überzeugen – indem Sie intelligent kommunizieren und mit Wortwitz reagieren.

Zugleich werden wir auf einige Strategien eingehen, die weder hart noch humorvoll sind. Diese sind schlichtweg Mittel zum Zweck – wenn Sie also das Ziel verfolgen, einen Konflikt zu lösen oder das Gegenüber für sich zu gewinnen, sollten Sie diese Methoden anwenden.

Die Vielfalt an erstklassigen Antworten ist nicht zu übersehen. Ob offensiv, humorvoll, liebenswert oder abweisend und kalt: Das Schöne an der zwischenmenschlichen Kommunikation ist, dass wir die Situation selbst in der Hand haben, wie wir diese gestalten wollen.

Letztendlich liegt es an Ihnen, in welche Richtung Sie das Gespräch lenken und welchen Einfluss Sie auf Ihre Gesprächspartner nehmen. Die folgenden Taktiken bleiben also – trotz ihrer reichen Anwendungsmöglichkeiten – nur ein Auszug aus einer Fülle von Aktionen, die wir im Zusammenspiel mit unseren Mitmenschen nutzen können.

Es erwartet Sie ein Kapitel, das viele verschiedene Gesprächstaktiken abdeckt, die es Ihnen ermöglichen, zu der richtigen Zeit die richtigen Worte zu finden. Nach dem Lesen werden Sie eine große Auswahl an Antwortmöglichkeiten haben, die Sie in den unterschiedlichsten Situationen anwenden können. Ob Sie sich nun einen kleinen Spaß erlauben, Ihren Angreifer besänftigen oder die Unterhaltung zu Ihren Gunsten lenken möchten – mit den hier geschilderten Strategien sind Sie für jede Eventualität gerüstet und haben den Gesprächsverlauf stets in Ihrer Hand.

Nehmen Sie es mit Humor!

Seltsam, nicht wahr? Was in diesem Buch bisher gar nicht behandelt wurde, ist Schlagfertigkeit als **Ausdruck des Humors**. Dabei kann Schlagfertigkeit fast schon als die Grundlage für spaßige Unterhaltungen und Lacher für zwischendurch gesehen werden. Dieses Kapitel soll dem Rechnung tragen und Ihnen zeigen, wie Sie Schlagfertigkeit und Spaß richtig miteinander verbinden.

Durch Humor können Sie Ihre Schlagfertigkeit um einiges verbessern (und umgekehrt). Was Sie brauchen, ist ein Riecher für den richtigen Moment — und natürlich eine geistreiche Bemerkung, die Sie dann abrufen können.

Mit einem gut platzierten Scherz zeigen Sie Ihrem Gegenüber, dass Sie entspannt bleiben und sich selbst in schwierigen Situationen nicht aus der Ruhe bringen lassen. Sondern vielmehr auch noch den Mut für eine lustige Bemerkung haben!

Gleichzeitig bieten Sie dem anderen damit an, gemeinsam das Gespräch aufzulockern und eine Vertrauensbasis zu schaffen, indem Sie miteinander lachen. Denn es ist bewiesen, dass wir die Menschen, mit denen wir gemeinsam lachen, sympathisch finden – und diesen Personen gern unser Vertrauen schenken. Es lohnt sich also, hin und wieder einen Witz anzubringen, der genauso schlagfertig wie taktvoll ist.

Achtung: Sinn für Humor gesucht

Das Problem ist bloß: Ihr Gegenüber muss Ihren Scherz auch richtig verstehen. Oftmals kommt es zu Missverständnissen, weil man nicht (genug) miteinander vertraut ist, um den Humor des anderen einschätzen zu können.

Es ist eine allgemeine Schwierigkeit in der zwischenmenschlichen Kommunikation, einen gemeinsamen Nenner zu finden, was Witze und Scherze betrifft. Denn was für den einen sicher sehr lustig ist, empfindet der andere womöglich als eine grobe Beleidigung seines Ehrgefühls. Das können Sie insbesondere dann beobachten, wenn Angehörige verschiedener Kulturen aufeinandertreffen und nicht so richtig wissen, was sie einander nun sagen dürfen – und was nicht.

Insofern ist es wichtig, seine Gesprächspartner und deren Wertvorstellungen einigermaßen gut zu kennen und deren Reaktion auf bestimmte Aussagen im Vorhinein halbwegs einschätzen zu können. Witzige Bemerkungen, die Ihr Gegenüber nicht zu deuten versteht, belasten schlussendlich die Beziehung.

Ich rate Ihnen, desto vorsichtiger mit den Scherzen zu sein, je fremder Sie der Person sind, mit der Sie sprechen. Nichts ist unangenehmer, als zur falschen Zeit den falschen Witz anzubringen und es sich im wahrsten Sinne des Wortes mit seinem Gegenüber zu verscherzen.

Und dennoch: Scherze sind lustig!

Nichtsdestotrotz sind Scherze oft willkommen und ein kleiner Spaß meist auch erlaubt. Sei es ein netter Witz, ein lustiger Spruch oder eine humorvolle Bemerkung – wir lieben es, wenn man uns zum Lachen bringt und wir gerade in schwierigen Gesprächssituationen aufgemuntert werden.

Besonders in kritischen, aber nicht lebensbedrohlichen Momenten (zum Beispiel, wenn der Fahrstuhl stecken bleibt oder wir ein Vorstellungsgespräch haben) sind scherzhafte Bemerkungen gern gesehen.

Meist handelt es sich um Situationen, die wir nicht gewohnt sind und in denen wir leicht verkrampfen. Lustige Bemerkungen helfen uns dabei, unsere Anspannung wieder zu lösen und unser Gemüt aufzuheitern.

Ob diese Bemerkungen nun von uns oder von jemand anderem ausgehen, spielt absolut keine Rolle. Wie schon gesagt: Wichtig ist nur, dass der Scherz passend ist und im richtigen Moment (bei dem richtigen Publikum) zum Einsatz kommt.

Gleiches gilt für peinliche Situationen: Sie meistern Peinlichkeiten am besten, indem Sie diese mithilfe scherzhafter Bemerkungen überwinden. Ob Sie nun selbst in der Klemme sitzen oder jemandem aus der Patsche helfen wollen – mit einem guten Witz schaffen Sie es, die Situation zu entschärfen.

Heinz, der neue Personalvorstand, wird gleich einen Vortrag vor der gesamten Firma halten. Als er die Bühne betritt, rutscht er aus und fällt hin. Ein Raunen geht durch das Publikum, hier und da gibt es Gelächter. Heinz richtet sich auf und beginnt seine Rede cool mit den Worten:

»Sehen Sie, ich war so aufgeregt, endlich vor Ihnen sprechen zu dürfen. Ich habe es noch nicht einmal geschafft, die Bühne richtig zu betreten, so enthusiastisch war ich.«

Der Witz kam bei den Zuhörern gut an. Das Publikum lacht.

Doch wie scherzen Sie eigentlich richtig? Das ist hier die Frage. Eine Frage, die man wahrlich nur schwer beantworten kann! Sind wir nicht alle irgendwie humorvoll? Auf unsere ganz eigene Art und Weise zumindest.

Humor ist weniger die Fähigkeit, überall und zu jeder Zeit einen passenden Witz anzubringen. Es ist vielmehr eine fröhliche Lebenseinstellung.

Dennoch gibt es Gesprächsstrukturen, die ein jeder anwenden kann, um humorvoller zu werden. Sie erleichtern einem, die eigene Humorfähigkeit zu verbessern. Diese möchte ich mit Ihnen teilen.

Dabei gibt es drei verschiedene Ebenen des Humors:

Humorebene 1 Absichtliches Missverstehen	**Humorebene 2** Verzerrungen und Übertreibungen	**Humorebene 3** Andeutungen und Anspielungen

Diese Humorebenen sind nicht neu. Es sind altbekannte Modelle, die dabei helfen, effektive Witze vorzuplanen beziehungsweise zu verstehen. Seit jeher wenden wir diese Modelle unbewusst an, wenn wir scherzen.

Natürlich beschränkt sich unser Sinn für Humor nicht nur auf dieses Modell. Es handelt sich allerdings um ein Grundmuster, das bewährt ist und infolgedessen auch nicht umsonst die Grundlage für gute Scherze bildet.

Im Folgenden werden die einzelnen Ebenen nacheinander vorgestellt und mithilfe anschaulicher Beispiele verdeutlicht.

Humor-Ebene 1: Absichtliches Missverstehen

Die Pointe bezieht sich hierbei auf die Spannung zwischen dem Gesagten und dem Verstandenen. Ursache ist zumeist ein mehrdeutiger Ausdruck, der vom Zuhörer *mit Absicht* falsch aufgefasst wird.

Timo knickt beim Fußballspielen böse um. Der Trainer fragt:
„Soll ich Eis holen?“
»Ja, aber Schokolade!«

„Ich komme später. Ich habe mich verfahren…“
„Wo bist du denn gerade?“
»Im Auto.«

„Wie fanden Sie das Wetter heute morgen?“
»Ich machte die Tür auf … und da war es!«

Humor-Ebene 2: Verzerrungen und Übertreibungen

Verzerrungen sind dadurch gekennzeichnet, dass Aussagen ins *Groteske* und *Komische* übertragen werden. Das geht sowohl über die sprachliche als auch über die inhaltliche Ebene.

> Nach dem Haarschnitt hält der Friseur dem Kunden den Spiegel vor:
> „Ist es so recht, mein Herr?"
> *»Etwas länger, bitte.«*

Die Übertreibung hingegen basiert auf Vergleichen. Dabei wird ein bekanntes Erlebnis in Zusammenhang mit einer Unmöglichkeit oder starken Steigerung gebracht. Dadurch wirkt es *übertrieben*.

> „Sie haben eine beachtliche Lücke im Lebenslauf..."
> *»Da war ich ohne Termin beim Arzt.«*

Humor-Ebene 3: Anspielungen und Andeutungen

Anspielungen und Andeutungen schaffen eine zweite inhaltliche Ebene, die sich dem Empfänger der Botschaft erst durch Weiterdenken erschließt. Das Doppelverständnis bietet einen großen Vorteil: So haben Sie die Möglichkeit, offensive Konter als dezente Nadelstiche zu tarnen.

> Ein Mann kommt spät abends nach Hause, seine Frau sichtlich empört:
> „Ich bin sprachlos!"
> *»Bleib so, Liebling.«*

> *Vorgesetzter zum Mitarbeiter:*
> „Sind Sie verrückt oder ich?"
> *»Aber Chef, Sie werden doch keine verrückten Mitarbeiter einstellen.«*

Diese Humorebene ist die wohl mächtigste, wenn es um die Wirkung einer offensiven schlagfertigen Antwort geht. Sie können damit den Empfänger gezielt treffen, ohne sich selbst in dem Moment großartig in Gefahr zu begeben. Diese Botschaften wirken deshalb so stark, da der Empfänger an Ihrer Antwort erst einmal zu knuspern hat. Sobald er die Aussage jedoch richtig durchdringt, wird er sich grün und blau ärgern.

Und zum Schluss: Ausbrechen!

Schaut man sich unseren Alltag an, stellt man eine Sache fest: Wir unterliegen dem Druck von Normen und halten uns zumeist an das Gewohnte. Konventionen hier, Verhaltensregeln da, Sittlichkeit überall.

Man bekommt fast schon das Gefühl: Ich darf nicht auffallen. Ich muss mich der „Ordnung" anpassen. Wenn ich mich dem Druck der Gesellschaft widersetze, wird das von dieser bestraft. Das ist zumindest die Erwartung vieler. Der Großteil von uns lebt mit der völlig überholten Weltvorstellung, immer anderen gefallen zu müssen – oder wenigstens nicht negativ auffallen zu dürfen.

Die Komik besteht jedoch genau darin, diese Konventionen zu durchbrechen und sich von der Logik der Ordnung zu befreien. Wohlgemerkt ist das keine Aufforderung, ein gesetzesbrechender Straftäter zu werden. Es hilft aber ungemein, kreativer zu denken und unkonventionellere Gedankengänge einzuschlagen. „Think outside the box", sagen die US-Amerikaner.

Geben auch Sie Ihrem Geist die Freiheit, sich von den Erwartungshaltungen anderer zu lösen und neue Ideen zu wagen. Das ist eine ungemein effektive Übung und hilft, wenn Sie Ihren Sinn für Humor anregen und Ihre Fähigkeit zur Schlagfertigkeit verbessern wollen. Denken auch Sie außerhalb des Kartons!

Zusammenfassend…

Das Spiel mit Worten und ihren Bedeutungen ist immer nützlich, wenn Sie witzig und schlagfertig zugleich sein möchten. Das Prinzip ist denkbar einfach: Sie weichen vom ursprünglichen Zusammenhang ab und stellen einen neuen Bezugsrahmen her.

Nutzen Sie die Vieldeutigkeit einzelner Worte, um daraus eine lustige Antwort abzuleiten. So können Sie besonders humorvoll antworten und sogleich auf elegante Weise schlagfertig kontern.

Die Macht des Schweigens

Eine sehr besondere Form der Schlagfertigkeit ist die des *Niederschweigens*. Eine abgewandelte Variante wurde in dem Kapitel **Einfache Konter, die wirken** behandelt, bei welcher Sie sagen, dass Sie nichts sagen. Hier kündigen Sie diese Reaktion allerdings nicht an – sondern ziehen sie eiskalt durch.

Nun mag man sich vielleicht denken: Schlagfertigkeit und Schweigen – passt das denn überhaupt zueinander? Ich sage: Definitiv! Eine schlagfertige (nonverbale) Antwort kann auch darin bestehen, zur rechten Zeit den Mund zu halten und die Situation erst mal auf die Gesprächsteilnehmer wirken zu lassen.

Dieser Trick funktioniert besonders dann gut, wenn Ihr Gegenüber emotional wird und vielleicht sogar einen wütenden oder frustrierten Gemütszustand offenbart. Solange sich derjenige richtig austobt und seinen Gefühlen freien Lauf lässt, bleiben Sie cool und sagen: nichts. Was sollen Sie ihm denn auch sagen? Er wird Sie sowieso nicht verstehen, zumindest nicht in jenem Moment.

Ist Ihr Gesprächspartner in einer solchen Verfassung, lohnt es sich schlicht und einfach nicht, sich mit ihm auf eine Diskussion einzulassen. Versuchen Sie es auch gar nicht erst mit sachlichen und logischen Argumenten: Damit finden Sie fürs Erste sowieso keinen Zugang zu der Person. Schweigen Sie denjenigen nieder!

Sie stellen gewissermaßen Ihren Sendebetrieb ein, bis ein vernünftiges Gespräch auf fairer Ebene möglich erscheint. Sie sind im Übrigen auch gar nicht dazu verpflichtet, überhaupt etwas zu sagen. Wann und ob Sie antworten, entscheiden immer noch Sie. So wird Ihr Schweigen eben nicht zur Sprachlosigkeit, sondern zu einem souveränen Akt.

Doch was ist, wenn Ihr Gegenüber so richtig in Fahrt kommt? Und gar nicht aufhören kann, sich (über Sie) aufzuregen? Keine Sorge: Ganz allein so ein Wuttheater zu bestreiten ist ziemlich anstrengend. Wenn Sie diese Person nicht mit weiteren Gründen füttern, warum sie sich über Sie aufregen sollte, so wird die Aufführung auch ein jähes Ende finden.

Sollten Sie sich zum Niederschweigen entschließen, müssen Sie diese Entscheidung mit der richtigen Körpersprache unterstützen. Es bringt rein gar nichts und hat sogar den gegenteiligen Effekt, wenn Sie in Ihrem Stuhl zusammensinken und zu Boden blicken. Allzu dominante Gesten sind ebenfalls nicht von Vorteil. Am besten nehmen Sie eine selbstbewusste Stellung ein, blicken Ihrem Gegenüber direkt in die Augen und tun so, als warteten Sie nur darauf, in eine spannende Diskussion einzusteigen.

Das Schweigen ist aber nicht zielführend, sofern Sie nicht an einer Schlichtung der Tatsachen interessiert sind, nachdem Ihr Gesprächspartner sich abgeregt hat. Sie können natürlich die beleidigte Leberwurst spielen und schmollend dahinschweigen – das Gespräch sinnvoll voranbringen tut das aber nicht.

Ihr Ziel bei dieser Methode sollte deshalb immer lauten, Ihren Gesprächspartner zu besänftigen und im besten Fall für Ihre Seite zu gewinnen. Wie Sie das machen? Wie bereits gesagt: Lassen Sie Ihr Gegenüber erst einmal ausreden und sich austoben.

Ihm liegt etwas auf dem Herzen? Gut! Geben Sie der Person die Gelegenheit, sein Anliegen vorzutragen und sich auszusprechen. Schweigen Sie nicht nur, sondern hören Sie dabei aufmerksam zu. Versuchen Sie nicht nur zu verstehen, was Ihr Gegenüber sagt, sondern auch warum Ihr Gegenüber genau das sagt, was er sagt. Und Sie werden sehen, dass seine Emotionen langsam abzukühlen beginnen.

- **Erwischen Sie einen geeigneten Zeitpunkt**, um wieder etwas zu sagen. Ihre Antwort sollte sachlich, wohlüberlegt und taktvoll zugleich sein. Zeigen Sie Verständnis für das, was Ihrem Gesprächspartner wichtig ist. So stellen Sie sicher, dass Sie hitzige Gesprächssituationen souverän schlichten.

Emotionale Ich-Botschaften

Eine weitere Methode der eleganten Schlagfertigkeit sind emotionale Ich-Botschaften.

Und wieder gilt es, zu unterscheiden:

Zum einen können Sie Ihre **tatsächlichen Gefühle** in der jeweiligen Situation beschreiben und dem anderen dadurch Grenzen setzen. Das ist vor allem dann nützlich, wenn Sie mit Ihrem Gegenüber weiter kooperieren wollen und die Beziehung auf einer partnerschaftlichen Ebene beruht (sei es nun die Liebe, Freundschaft oder das Geschäft).

Zum anderen besteht die Option der **ironischen Ich-Botschaften**, mit denen Sie verbale Angriffe kühl abwehren. Dies ist insbesondere dann von Vorteil, wenn Sie mit dem anderen auf dem Kriegsfuß stehen und ein bisschen frotzeln möchten.

Warum ist die Unterscheidung wichtig? Angenommen, Sie befinden sich in einem hitzigen Schlagabtausch mit einer fiesen Kollegin. Und siehe da, sie teilt aus und wirft Ihnen einen beleidigenden Spruch an den Kopf:

»Ach, du Pummelchen.«

Sagen Sie jetzt in einem ehrlichen und traurigen Ton etwa: „Das hat mich jetzt ganz schön verletzt …"?

Sie signalisieren Schwäche, wenn Sie in einem Streit Ihre Gefühle offenlegen. Damit erweisen Sie sich selbst einen Bärendienst. Der andere – in diesem Fall die fiese Kollegin – bekommt das Gefühl der Genugtuung, weil sie Sie getroffen hat.

Das Gegenteil ist der Fall, wenn Sie einen Meinungsunterschied mit einem guten Freund haben. Würden Sie wegen einer kleinen Unstimmigkeit gleich zu sarkastischen Bemerkungen greifen und sich über ihn lustig machen?

Ich denke nicht. Lieber sprechen Sie ehrlich das an, was Sie fühlen, um den Streit schnellstmöglich zu lösen. In solchen Situationen sind ironische Ich-Botschaften fehl am Platz.

Schauen wir uns deshalb zunächst die konstruktiven Ich-Botschaften an, die vorrangig in Partnerschaften und freundschaftlichen Beziehungen zum Einsatz kommen (sollten).

(1) Konstruktive Ich-Botschaften

Mit dieser Technik versuchen Sie, Ihren Partner durch Ich-Botschaften von einer Zuspitzung der Konfrontation abzuhalten. Sie pausieren gewissermaßen die Unterhaltung, um die emotionale Metaebene aufzubauen und den Frieden untereinander wiederherzustellen.

»Das beschäftigt mich.«

»Das ist mir unangenehm.«

»Ich mache mir Sorgen, dass Du …«

»Ich fühle mich in die Ecke gedrängt.«

»Mir ist unwohl bei dem Gedanken, Du könntest …«

»Mein Bauchgefühl sagt mir nichts Gutes …«

Sie können auch etwas Direktes sagen wie:

»Ich erwarte Anstand und Respekt.«

»Ich weise auf einen sachlichen und fairen Austausch hin.«

»Ich möchte nicht, dass unsere Freundschaft dadurch belastet wird.«

Sie zeigen damit, dass Sie zu Ihren Gefühlen stehen und diese – wenn nötig – auch offen aussprechen. Das erfordert Mut! Und wird mit Zuspruch und Anerkennung belohnt. Sie signalisieren auf effektive Weise Selbstbewusstsein und leiten eine friedliche Lösung der Auseinandersetzung ein.

(2) Ich-Botschaften mit Ironie

Dann gibt es noch die Ich-Botschaften, die durch ihren offensichtlichen Sarkasmus gekennzeichnet und deshalb eher der härteren Sorte zuzuordnen sind.

Tragen Sie die Antwort am besten so theatralisch vor wie möglich. Schlechtes Schauspielern ist hierbei ausdrücklich erwünscht!

„Du bist unmöglich! Ich bin genervt von Deiner selbstsüchtigen Art!"
»Das trifft mich aber sehr. Mir kommen gleich die Tränen.«

„Sie Idiot! Sie sind nicht mal in der Lage, die Akten richtig zu lesen!"
»Oh nein! Ich bin wirklich zutiefst getroffen. Wie konnte ich nur…«

„Dein Ex hat eine Neue."
»Aua. Oh nein, mein Herz.«

Diese Art von Antwort macht richtig Spaß, glauben Sie mir! Natürlich sollten Sie es einerseits mit Ihrem Sarkasmus nicht übertreiben. Andererseits wirkt dieser manchmal wie eine Wunderwaffe im Kampf gegen unfaire Unterstellungen oder schlichtweg unnötige Bemerkungen. Sie gelten als abgebrüht und vielleicht sogar ein wenig stoisch, wenn Sie in der Lage sind, in angespannten Situationen einen solch coolen Humor abrufen zu können.

Mit Fragen lenken

Haben Sie schon einmal überlegt, wer in der Regel das Gespräch steuert? Es ist derjenige, der die Fragen stellt.

Ob es sich nun um ein Bewerbungsgespräch, ein Date oder einen Gerichtsprozess handelt: Die Frage ist in allen Gesprächssituationen das wichtigste Instrument. Der Fragende lenkt die Unterhaltung. Dies gilt für Diskussionen, Small Talk, Konflikte, Verhandlungen – also für Gespräche jeder Art.

Fragen sind enorm wichtig, wenn Sie Ihre Schlagfertigkeit verbessern möchten. Sie haben es ja schon bei den **Gegenfragen** gesehen – diese sind eine mächtige und sehr wirkungsvolle Schlagfertigkeitstechnik, mit der Sie Ihre Gegner kontern.

Fragen können aber auch – weil sie eben so vielseitig sind – als elegante Form der Schlagfertigkeit genutzt werden. Mit gezielten Fragen können Sie andere ausspielen und Angreifern in die Karten schauen. Sie können seine Absichten, Gedanken und Gefühle durchblicken und wertvolle Informationen über ihn sammeln – was weitaus besser ist, als ihn bloß zu kontern. Nachhaltiger ist es allemal.

Wer viel redet, bietet viel Angriffsfläche. Und: Beim Reden lernen Sie nichts – weder über Ihre Gesprächspartner noch über sonst etwas. Neue Erkenntnisse gewinnen Sie nur durch das Fragen und Zuhören.

Vorteile der Fragetechnik:

- Wer fragt, **gewinnt Zeit.**
- Wer fragt, **erhält Informationen.**
- Wer fragt, **kann Konflikte vermeiden.**
- Wer fragt, **eröffnet neue Perspektiven.**
- Wer fragt, **führt.**

Um Fragen sinnvoll zu nutzen und damit schlagfertig auf Einwände und Vorwürfe zu reagieren, sollten Sie die verschiedenen Fragearten kennen.

1. Geschlossene Fragen
Oft heißt es, dass geschlossene Ja-Nein-Fragen ineffektiv seien. Diese haben aber durchaus ihren Sinn und können in vielen Gesprächssituationen zu Ihrem Vorteil angewandt werden.

- **Kontrollfragen.** Sie wollen etwas ohne Umwege in Erfahrung bringen: *»Haben Sie die Email abgeschickt?«*

→ Darauf gibt es zwei Antworten. Ja oder Nein. Ganz einfach.

- **Provozierende Fragen**, mit denen Sie den anderen herausfordern. *»Ist Ihnen diese Regel nicht bekannt?«*

→ Der Befragte wird in eine unangenehme Situation gedrängt.

- **Alternativfragen**, die dem Gegenüber nur begrenzte Entscheidungsfreiheit gewähren: *»Wollen wir uns heute oder morgen treffen?«*

→ Die Möglichkeit, sich nicht zu verabreden, ist ausgeschlossen.

- **Suggestivfragen**, die eine Bestätigung des anderen erfordern: *»Sie sind doch auch der Meinung, dass…?«*

→ Ein „Ja“ wird erzwungen.

2. Offene Fragen

Mit offenen Fragen geben Sie Ihrem Gegenüber die Gelegenheit, sich Ihnen zu *öffnen* und seine Antwort zu vertiefen. Im Gegenzug erhalten Sie umfassende Informationen über ihn und seine Beweggründe.

- **Informationsfragen.** Wie der Name schon sagt: Sie sind auf der Suche nach Informationen: *»Was ist Ihr Ziel im Unternehmen?«*

  → Sie vertiefen Ihr Wissen über eine Person oder über eine Sache.

- **Rückfragen** oder auch **Gegenfragen** wechseln die Perspektive im Gespräch: *»Was erwarten Sie von uns genau?«, »Was bieten Sie?«*

  → Sie beleuchten die Motive Ihres Gegenübers.

- **Motivationsfragen** geben einen Einblick in die Innenwelt eines Menschen. *»Warum möchtest Du ausgerechnet ihn heiraten?«*

  → Sie gewinnen die wohl wertvollste Erkenntnis über Ihren Gegenüber: Sein *Warum*.

- **Fangfragen.** Sie manipulieren den anderen dahin gehend, dass er Informationen über sich oder etwas preisgibt, die er sonst nicht teilen würde: *»Welchen Weg sind Sie hierher gegangen?«*

  → Sie bilden die Grundlage für weitere, tiefergehende Fragen.

- **Definitionsfragen** bedürfen einer ausführlichen Erklärung und legen möglicherweise Lügen frei. *»Was meinen Sie mit: ‚Ich überlege es mir‘?«*

  → Sie bringen den anderen in Erklärungsnot.

Zusammenfassend...

Beide Fragetypen haben durchaus ihre Vorteile. Geschlossene Fragen bieten sich an, wenn Sie jemanden zur Rede stellen und die Machtverhältnisse klären möchten. Mit offenen Fragen arbeiten Sie, um Rapport aufzubauen, das Vertrauen Ihres Gesprächspartners zu gewinnen und um wichtige Informationen über ihn in Erfahrung zu bringen.

Häufig werden Fragen unterschätzt, wenn es um das Demonstrieren von Dominanz und Schlagfertigkeit geht. Kommunikationsprofis wissen die Macht der Fragen jedoch für sich zu nutzen. Es reicht schon, die verschiedenen Fragearten zu kennen und in Gesprächen beobachten zu können, um seine Schlagfertigkeitskünste auf das nächste Level zu bringen und den anderen – kommunikationstechnisch – einen Schritt voraus zu sein.

Doch was ist, wenn Sie der Befragte sind und an die Wand gestellt werden? Für solche Fälle sind die folgenden zwei Techniken Ihr Ass im Ärmel.

Ablenkungsmanöver

Es gibt eine professionelle Methode, um unangenehme Fragen effektiv abzuwehren, die gern von Politikern und Wirtschaftsgrößen verwendet wird. Dabei handelt es sich um das klassische Ablenkungsmanöver.

Die Oberbürgermeisterin einer Kommune wird von einem Journalisten darauf angesprochen, dass sie einen Großteil ihrer Wahlversprechen nicht eingehalten habe. Sie antwortet folgendermaßen:

»In meiner Amtsperiode wurden beachtliche Fortschritte erzielt. Erstens haben wir es geschafft, …«

Es ist erstaunlich einfach. Und die meisten fallen auch noch drauf rein! Wenn schon die „großen Fische" von dieser Technik Gebrauch machen – warum sollten Sie es nicht auch tun? Dieser rhetorische Trick erlaubt es Ihnen, zu antworten, ohne dabei auf den eigentlichen Vorwurf oder die Frage einzugehen.

Gerade bei heiklen Fragen und schwerwiegenden Beschuldigungen können Sie die Schuld elegant von sich weisen, indem Sie diese Strategie anwenden.

Je ausführlicher Sie über das andere Thema berichten und je länger Sie über Ihre Erfolge und positiven Eigenschaften sprechen, desto besser wirkt das Ablenkungsmanöver. Hartnäckigkeit spielt hierbei ebenfalls eine wesentliche Rolle: Sollte Ihr Gegenüber nicht lockerlassen mit seinem Einwand, beharren Sie einfach auf Ihren Worten und lenken Sie weiterhin vom Thema ab. So stellen Sie sicher, dass nichts anbrennt.

Aber achten Sie auch darauf, nicht zu sehr von der eigentlichen Sache abzuschweifen, das wirkt wiederum sehr auffällig du Ihr Gegenüber spürt, dass er einen wunden Punkt getroffen hat.

„Was in aller Welt ist in Dich gefahren?“
»Gut, dass du das erwähnst. Aber Du brauchst dir keine Sorgen um meinen Gesundheitszustand zu machen. Mir geht es super!«

„Ihre Abteilung hat komplett versagt.“
»So würde ich das nicht sehen. Gerade in der Neukundengewinnung haben wir großartige Arbeit geleistet. Nur um einmal ein Beispiel zu nennen …«

„Ihretwegen sind viele Aufträge verloren gegangen!“
»Das stimmt nun auch wieder nicht. Die meisten Aufträge waren sowieso nur lose Angebote, die dann aus anderen Gründen zurückgezogen wurden. Wenn Sie Verantwortliche suchen, würde ich jemand anderen fragen.«

Ihr Ziel sollte lauten, dem Gespräch so schnell wie möglich ein Ende zu setzen.

Darüber hinaus gibt es noch die Möglichkeit, die Frage umzulenken und den Rahmen der Unterhaltung neu zu setzen. Lenken Sie bestmöglich auf ein Thema ab, über das es Ihnen angenehm ist zu sprechen. Das ist nur bei bestimmten Fragen möglich — meist, wenn man Sie zur Rechtfertigung zwingt —, ist aber bei diesen sogar noch wirkungsvoller:

„Wie erklären Sie sich, dass das gesetzte Ziel verfehlt wurde?“
*»Vielleicht haben wir das Ziel als solches nicht erreicht, da gebe ich Ihnen Recht. Aber dafür haben wir ein weitaus besseres Resultat auf die Beine gestellt. **Betrachten Sie es doch folgendermaßen …**«*

Es sei aber auch gesagt, dass Sie (Ihre) Fehler zugeben sollten. Wenn Sie wirklich die Verantwortung für etwas trifft, stehen Sie dazu. Ehrliches und einsichtiges Verhalten wird aller Regel auch belohnt.

Die Verzögerungsstrategie

Dann gibt es noch die Verzögerungsstrategie. Die Taktik des Abwartens ist eine der einfachsten Möglichkeiten, um Ihrem Angreifer den Wind aus den Segeln zu nehmen. Diese Strategie ist bei Politikern und Managern ebenfalls sehr beliebt. Sie eignet sich besonders gut, wenn Sie gerade keine passende Antwort parat haben und sich *überrumpelt* fühlen.

Schlussendlich ist das ja auch der Sinn einer Verzögerung. Sie schieben eine Antwort hinaus, um Zeit zu gewinnen und sich besser vorzubereiten. Wie viel Zeit Sie sich dafür nehmen – das entscheiden Sie. Eine solche Auszeit kann ein paar Sekunden oder Minuten andauern oder auch auf mehrere Tage ausgedehnt werden. Das liegt ganz bei Ihnen.

Mit einer einfachen Standardantwort wie *„Ich werde in Ruhe darüber nachdenken und Sie dann informieren"* erreichen Sie schon eine Menge.

„Wo hast Du Dich heute Nacht wieder getrieben?"
»Schatz, darüber reden wir später. Ich muss jetzt zur Arbeit. Du weißt doch, dass mein Chef es nicht mag, wenn ich zu spät komme!«

„Was sagen Sie zu dem Vorwurf, in Ihrer Firma werden Schwarzarbeiter beschäftigt?"
»Wir müssen die Einzelheiten erst prüfen. Genaueres kann ich Ihnen im Moment noch nicht sagen.«

„Wann ist das Projekt denn endlich fertig?"
»Das weiß ich noch nicht. Morgen um Punkt 14 Uhr werde ich mich bei Ihnen melden.«

Sie können auch, wie im dritten Beispiel, den Zeitpunkt Ihrer Antwort ankündigen. So bekommt Ihr Gegenüber eine genaue Vorstellung davon, wann er mit einer Rückmeldung Ihrerseits rechnen kann. Der Fairness wegen ist das auch besser für alle Beteiligten. Sie gewinnen Zeit, um Ihre Antwort optimal vorzubereiten, und lassen den anderen nicht im Dunkeln stehen.

Überhaupt ist es eine schlechte Idee, drängende Fragen lange aufzuschieben. Diese Strategie ist nicht dazu da, sich vor Krisengesprächen zu drücken – sondern eine Hilfestellung, sich dafür zu rüsten. Wenden Sie diese Technik also bitte nur bei **überfallartigen Fragen** an, wenn Sie also unter Zeitdruck gesetzt werden oder Ihnen im Moment einfach nichts Schlaues einfällt. Ihr Gegenüber wird dafür Verständnis haben.

Elegante Schlagfertigkeitstechniken – Zusammenfassung (V)

NEHMEN SIE ES MIT HUMOR!

- Schlagfertigkeit und Humor sind wie **beste Freunde** und gehören einfach zueinander. Das eine ohne das andere kann nicht existieren.

- Der andere muss Ihren Scherz auch **verstehen** – dafür müssen Sie ihn und seinen Humor erst einmal richtig **einschätzen**.

- Bei den **drei Humorebenen** handelt es sich um Modelle, die Ihnen das Scherzen vereinfachen und sich mit Schlagfertigkeit hervorragend in Verbindung bringen lassen.

- **Durchbrechen** Sie das Gewohnte! Nur so können Sie gute Witze anbringen und mit Humor bei Ihrem Gegenüber punkten.

DIE MACHT DES SCHWEIGENS

- Sagen Sie auch mal **gar nichts** und lassen Sie die Situation auf beide Gesprächsteilnehmer wirken. Damit stellen Sie sicher, dass Sie dem anderen den Wind aus den Segeln nehmen, wenn er sich aufregt.

- Ihr Ziel ist, die Auseinandersetzung nach dem Schweigen zu schlichten. Warten Sie auf einen geeigneten **Zeitpunkt**, um ins Gespräch wieder einzusteigen und den anderen zu besänftigen. Unterbrechen Sie ihn nicht!

EMOTIONALE ICH-BOTSCHAFTEN

- **Konstruktive Ich-Botschaften** teilen Sie Ihre tatsächliche Gefühlslage mit, um dem Gesprächspartner Grenzen aufzuweisen und eine konstruktive Entwicklung des weiteren Gesprächsverlaufes anzustreben.

- **Ironische Ich-Botschaften** sind dazu da, um den Angreifer zu verwirren und sich über seine Aussage lustig zu machen. Eine effektive Methode, wenn Sie zeigen wollen, dass man Sie mit einem Vorwurf emotional nicht trifft.

MIT FRAGEN LENKEN

- Der Fragende **lenkt** die Unterhaltung und entscheidet, in welche Richtung sich das Gespräch hin entwickelt.
- Je **gezielter** die Fragen, desto besser.
- **Geschlossene Fragen** nehmen dem Gegenüber Antwortmöglichkeiten weg, was von Vorteil ist, wenn Sie jemanden verhören bzw. zur Rede stellen möchten.
- **Offene Fragen** geben dem Gegenüber die Möglichkeit, sich zu öffnen und Ihnen damit Vertrauen zu schenken. So gelangen Sie besser an Informationen und vertiefen außerdem die Beziehung zwischen beiden Parteien.

ABLENKUNGSMANÖVER

- Ablenkungsmanöver helfen Ihnen dabei, Verbalattacken auszuweichen, indem Sie den Vorwurf auf etwas **Positives** umlenken. Das Positive ist in dem Fall eine Errungenschaft, Eigenschaft oder Handlung, die Sie besonders macht.
- Seien Sie dennoch **ehrlich** und stehen Sie zu Ihren Fehlern. Wenn an einem Vorwurf was dran ist, geben Sie es auch zu. Das spart Ihnen und Ihrem Gegenüber Zeit und Nerven und ist einfach Teil eines respektvollen Miteinanders.

VERZÖGERUNGSSTRATEGIE

- Verschieben Sie Ihre Antwort in die (un-)bestimmte **Zukunft**, wenn Ihnen momentan kein passender Konter einfällt. Ob Sie den Zeitpunkt Ihres Statements ankündigen oder nicht, bleibt Ihnen überlassen.
- Diese Strategie ist nicht dafür gedacht, schwierigen Gesprächen **aus dem Weg** zu gehen und sich der Verantwortung gegenüber seinen Mitmenschen zu entziehen!
- Wenden Sie die Verzögerungsstrategie deshalb nur an, wenn Sie auch wirklich **Zeit** für eine gute Antwort gewinnen wollen.

VI. Nie mehr sprachlos! – Ausblick

Im abschließenden Teil des Buches bekommen Sie letzte Tipps mit auf den Weg. Darüber hinaus erhalten Sie als Extra einen reichhaltigen Phrasenschatz, der Ihnen hilft, zu der richtigen Zeit die richtigen Worte zu finden.

Ihnen wurden im Laufe des Buches zahlreiche Strategien an die Hand gegeben, um Gespräche nach Ihren Wünschen zu gestalten und auf verschiedenste Sprüche schlagfertig zu reagieren. Sie sind jetzt für fast alle Eventualitäten vorbereitet, wenn es wieder einmal zu einer konfliktreichen Gesprächssituation kommt.

Die Betonung liegt auf fast alle Eventualitäten. Denn trotz der Fülle und Reichhaltigkeit der hier im Buch beschriebenen Strategien ist die Kommunikation zwischen Menschen zu vielseitig und zu dynamisch, um stets einen guten Spruch auf Lager zu haben. Zumal jeder Mensch ganz anders auf bestimmte Situationen reagiert.

Auch geht es bei der Schlagfertigkeit nicht darum, immer perfekt zu antworten. Wie will man denn auch beurteilen, ob eine Antwort nun richtig ist oder nicht? Man kann es eben nicht messen.

Solange Sie mit den Techniken arbeiten und zumindest die eine oder andere Idee aus dem Buch mitnehmen, werden Sie in Ihrer Kommunikation jedoch merkliche Verbesserungen erzielen. Und das nicht, weil Sie für jede Situation die passende Strategie haben. Sondern weil Sie sich Sicherheit angeeignet haben.

Sie sind allein deswegen rhetorisch und mental sicherer geworden, weil Sie sich mit dem Thema Schlagfertigkeit auseinandergesetzt haben und weil Sie bestrebt sind, an Ihrer Kommunikation zu arbeiten. Sie haben jetzt viele Informationen aufgenommen, um daraus neue kreative Ideen zu schöpfen und sich mehr Schlagfertigkeit anzutrainieren.

Vielleicht werden Sie nicht in 100 Prozent der Fälle „nie mehr sprachlos" sein. Aber Sie werden Ihre Trefferquote signifikant erhöhen – einfach, weil Sie inzwischen so viele Gesprächstaktiken sowie -verläufe und Antwortmöglichkeiten kennen. Wenn Sie auch nur einen Teil dieser für sich anzuwenden wissen, so werden die Ergebnisse beachtlich sein. Da gebe ich Ihnen mein Wort.

Um Sie dabei zu unterstützen, habe ich einen Phrasenschatz mit über 50 schlagfertigen Antworten für Sie zusammengestellt. Damit Sie auch wirklich für fast jede Eventualität vorbereitet sind.

Phrasenschatz

Die nachfolgenden Fragen und Antworten sind als Inspiration gedacht. Sie können diese abwandeln oder 1 zu 1 übernehmen — alles bewährte Konter, die funktionieren. Viel Spaß!

Plumpe Beleidigungen

„Du bist hässlich."
»Und Du bist schön. Jetzt haben wir beide gelogen!«

„Du bist ganz schön … dick."
»Zum Glück ist das nicht ansteckend!«

„Du bist wirklich das Letzte."
»Das Beste kommt immer zum Schluss.«

„Arschloch."
»Lass uns bitte sachlich bleiben.«

„Schalten Sie Ihr Hirn ein."
»Wenigstens kann ich es noch einschalten.«

Mit den Vorgesetzten

„Für eine so unwichtige Aufgabe haben Sie sich viel Zeit gelassen."
»Gerade weil ich mir so viel Zeit gelassen habe, konnte ich die Aufgabe gründlich und gewissenhaft erledigen.«

„Sie gehen heute wieder pünktlich um fünf?"
»Wenn Sie unter pünktlich verstehen, dass ich meine Arbeit in einer angemessenen Zeit rechtzeitig erledige, dann gebe ich Ihnen recht!«

„Du könntest motivierter an die Sache rangehen."
»Wie definierst Du Motivation?«

„Was jedoch Ihre Kompetenzen angeht …"
»Wollen Sie mir damit sagen, dass ich unqualifiziert bin?«

„Sie haben die Umstrukturierung nicht auf die Reihe gekriegt."
»Nun, dafür hat meine Abteilung zwei wichtige Kunden gewonnen. Außerdem haben wir die Fortbildungsrate bei Mitarbeitern erhöht.«

„Sie sind inkompetent."
»Das sehe ich anders.«

Nervige Kollegen

„Das hätte ich besser gemacht!"
»Echt? Wie hättest Du es denn gemacht?«

„Sehen Sie es als Herausforderung!"
»Sehen Sie es als ein Nein!«

„Ihr Vortrag war nicht gerade berauschend, Sie sind ein Loser."
»Aus Ihrer Sicht mag das vielleicht so erscheinen, weil Ihnen der nötige Intellekt für ein tiefgreifendes Verständnis fehlt.«

„Warum schreibst Du denn nicht mit?"
»Möchtest Du mir sagen, dass ich zu doof wäre, mir Dinge zu merken?«

„Ihr Vorschlag ist unrealistisch."
»Das haben sie damals auch zu Steve Jobs gesagt … Der Rest ist Geschichte.«

„Diese Idee ist doch völlig absurd!"
»Wenn absurd heißt, dass es sich hier um einen neuen, kreativen Ansatz handelt, kann ich nur zustimmen.«

Paare

„Man antwortet auf eine Frage nicht mit einer Gegenfrage!"
»Was ist denn so schlimm daran?« / »Wieso nicht?«

„Du denkst immer nur an Dich selbst."
»Einer muss es ja tun.«

„Typisch Frau … Keine Ahnung von gar nichts."
»Wir beenden jetzt das Gespräch. So möchte ich nicht mehr mit Dir weiterreden. Das ist nicht mein Niveau.«

„Du wirst nie wieder jemanden wie mich finden!“
»Ob Du es glaubst oder nicht: Das ist genau mein Plan.«

Alte und neue Bekannte

„Sie essen sehr viel.“
»Irgendwo muss die Energie doch herkommen.«

„Ist der Schmuck echt?“
»So echt wie Sie es noch nie waren.«

„Ich hatte mir Dich viel größer vorgestellt!“
»Lieber zu klein, als zu dumm geraten.«

„Interessant. Ich habe Sie älter geschätzt.“
»Das Leben steckt voller Überraschungen.«

„Ich hatte Dich viel schlanker in Erinnerung!“
»Und ich hab dich schon fast wieder vergessen.«

„Du bist fünf Minuten zu spät.“
»Es kommt nicht darauf an, wie lange man wartet, sondern auf wen.«

„Mensch, von der Glatze bist Du nicht mehr weit entfernt!“
»Mein Gehirn vergrößert sich stetig, für Haare bleibt einfach kein Platz mehr.«

Kunden

„Ihre Konkurrenz verlangt dafür viel weniger.“
»Müssen die auch.«

„Der Preis ist zu hoch.“
»Gerade weil unser Preis etwas höher ist, können wir den besten Service anbieten und so die Zufriedenheit unserer Kunden garantieren.«

Drei letzte Tipps

Im Laufe dieses Buches haben Sie mehr als ein Dutzend wertvolle Gesprächstechniken kennengelernt, die Ihnen dabei dienen werden, schlagfertiger zu antworten, selbstbewusster aufzutreten und gelassener mit anderen Menschen umzugehen. Sie müssen die Strategien aber – und ich kann es nicht oft genug betonen – anwenden.

Sie haben dieses Buch nicht gelesen, um es dann wieder beiseitezulegen. So hoffe ich es zumindest. Ihr Anspruch sollte es sein, sich und Ihre Fremdwahrnehmung von außen zu verbessern, indem Sie an Ihrer Schlagfertigkeit arbeiten. Tun Sie sich selbst den Gefallen und setzen Sie die Taktiken aus diesem Buch gewinnbringend um.

Um Ihnen auch diesen Schritt zu erleichtern, habe ich noch drei letzte Tipps für Sie entwickelt.

1. Aufschreiben

Erinnern Sie sich noch an das Anfangszitat? „*Schlagfertigkeit ist etwas, worauf man erst 24 Stunden später kommt.*“ Sollte Ihnen trotz all der Taktiken aus diesem Buch in einer schwierigen Situation nicht sofort einfallen, was Sie sagen können, so halten Sie den Angriff im Gedächtnis. Merken Sie sich den genauen Wortlaut und **schreiben** Sie den Spruch schnellstmöglich auf. Ich empfehle Ihnen hierfür Karteikarten.

Was Sie dann machen: Sie lassen im Hintergrund Ihren *kreativen* Denkprozess für sich arbeiten und widmen sich wieder den alltäglichen Dingen. Überlegen Sie sich im Nachhinein einen guten Konterspruch, sollte der Geistesblitz auf sich warten lassen. In jedem Fall schreiben Sie dann „die Lösung“ auf die Rückseite der Karteikarte. Es ist wie in der Schule mit den Vokabeln. Nur dass es diesmal Spaß macht.

Wenn Sie das wiederholen, bauen Sie einen Schatz an eigenen schlagfertigen Kontern auf, die Sie immer und immer wieder abrufen können. Das wird Ihre Schlagfertigkeit extrem trainieren und Sie werden immer besser darin, gute Antworten zu finden.

Schreiben Sie auf Karteikarten alle Einwände, Angriffe und Provokationen, auf die Sie in Zukunft (besser) reagieren wollen.

2. Das „Wie"

Wie bereits erwähnt: Die Strategien sind vollkommen wirkungslos, wenn Sie diese nicht *überzeugend* vortragen!

Sie können selbst den perfekten Spruch in genau dem richtigen Moment abfeuern und trotzdem werden Sie Ihr Ziel verfehlen, wenn Stimme, Körpersprache und Gesichtsausdruck nicht im Einklang stehen und Ihnen so den Weg versperren. Sie schießen sich ins eigene Bein, wenn Sie keinen Wert auf eine selbstbewusste Ausstrahlung legen und unsicher oder gar halbherzig Ihre Antwort dahinsagen.

Schlagfertig sind Ihre Antworten nur, wenn Sie sie mit den richtigen nonverbalen Signalen und Gesten untermalen und dem Ganzen Ausdruck verleihen, indem Sie Souveränität demonstrieren.

Seien Sie überzeugt von sich selbst und von Ihrer Antwort.

3. Trauen Sie sich!

Zu guter Letzt möchte ich Sie dazu anregen, Wagemut zu entwickeln und an sich zu glauben. Es spielt keine Rolle, wem Sie gegenüberstehen: Sie verdienen Respekt, genauso wie jeder andere Mensch es auch tut. Und erweisen Sie anderen auch den Respekt, den sie verdienen!

Manche Menschen werden versuchen, Sie kleinzumachen oder mit Ihrer Würde und Ihrem Selbstwertgefühl zu spielen. Das dürfen Sie nicht zulassen. Haben Sie den Mut, sich zu verteidigen! Die Techniken aus diesem Buch werden Ihnen dabei helfen. Ob es nun die Vermieterin ist, die es auf Sie abgesehen hat, der gemeine Kollege aus der Nachbarabteilung oder eine alte Bekannte, die Sie aufziehen möchte – Sie wissen genau, dass es unzählige solcher Beispiele gibt.

Seien Sie schlagfertig – nicht um jeden Preis, aber Ihrer Würde wegen. Greifen Sie auch mal hart durch, wenn es sein muss. Oder aber bedienen Sie sich der eleganten Schlagfertigkeitstechniken, mit denen Sie Ihre Angreifer manipulieren und Konflikte zu Ihren Gunsten lösen können.

Ganz gleich, für welche Strategie Sie sich am Ende entscheiden sollten. Denken Sie immer an eines: Es geht um Ihre Würde. Verschaffen Sie sich den Respekt, der Ihnen zusteht. Ich glaube an Sie – tun Sie es auch.

Ein paar Worte zum Schluss...

An dieser Stelle möchte ich mich noch bei Ihnen bedanken, dass Sie dieses Buch gelesen haben. Es war mir eine Ehre, mit Ihnen Zeit zu verbringen und Sie auf Ihrem Weg zu begleiten. Lernen Sie weiter und denken Sie groß. Ich wünsche Ihnen viel kommunikativen Erfolg!

Julius Loewenstein

Die Top Bestseller im Überblick

SMALLTALK

Freunde gewinnen

Wie es Ihnen gelingt, Freunde zu finden, Ihre Beliebtheit zu steigern und die Kunst, Menschen zu beeinflussen

„Eine riesige Hilfe, um Schüchternheit abzulegen."

– Amazon Kunde

Im Smalltalk Buch lernen Sie, wie Sie Alltagsgespräche spielerisch meistern und Ihre Mitmenschen nachhaltig beeinflussen.

Ob es sich um eine geschäftliche Konversation, eine lockere Unterhaltung mit Bekannten oder um einen Flirt handelt – dieses Buch bietet Anfängern & Profis praktische und sofort anwendbare Tipps für reichhaltige Unterhaltungen. **Anhand einfacher Strategien und lebhaften Beispielen lernen Sie, wie Sie Ihre Beliebtheit gezielt erhöhen und Ihre Mitmenschen für sich gewinnen.**

ISBN: 978-1791885441
Julius Loewenstein

Nur das Beste für Ihren persönlichen Erfolg!

SELBSTBEWUSSTSEIN

Selbstbewusst auftreten

Wie Sie wirksam Durchsetzungsvermögen aufbauen, erfolgreich Menschen von sich überzeugen und eine starke Persönlichkeit entwickeln

„Weckt den Löwen in Dir!"

– Amazon Kunde

Sofort mehr Selbstbewusstsein! Mit diesem Ratgeber lernen Sie selbstbewusstes Auftreten anhand bewährter Weisheiten.

Mit einem einfachen 12-Schritte-Programm und bisher noch nie veröffentlichten Power-Strategien zeigt Ihnen Julius Loewenstein, wie Sie Ihr Selbstvertrauen systematisch aufbauen. Haben auch Sie den Mut, in kürzester Zeit zu einer durchsetzungsstarken Persönlichkeit zu werden und andere von sich zu überzeugen.

ISBN: 978-1982990220
Julius Loewenstein

Entdecken Sie Ihr verstecktes Potenzial ...

KÖRPERSPRACHE

Menschen lesen

Wie Sie mit der Macht der nonverbalen Kommunikation Menschen für sich gewinnen, selbstbewusst Auftreten und die Psychologie anderer durchschauen

„Jetzt kann mir keiner mehr was vormachen!"

– Amazon Kunde

Mit dem Körpersprache Buch lernen Sie Ihre Mitmenschen zu lesen wie ein Geheimagent und Körpersignale effektiv zu entschlüsseln.

In dem neuen Bestseller von Julius Loewenstein lernen Sie Schritt für Schritt die Grundlagen der nonverbalen Kommunikation und erhalten wertvolle Profi-Taktiken an die Hand, die wirklich extrem mächtig sind. **Sie werden keinen einfacheren und sichereren Weg finden, um wie ein Geheimagent Ihre Mitmenschen zu durchschauen und manipulieren zu können.**

ISBN: 978-1088500897
Julius Loewenstein

Die Rundum-sorglos-Pakete ...

GEWOHNHEITEN ÄNDERN | SELBSTDISZIPLIN ZEIT & FOKUS | SPEED READING

Das Große 4 in 1 Buch!

Wie Sie mit effektiven Methoden aus der Psychologie Ihre Motivation und Produktivität maximal steigern

„Essenziell für Leistungsträger. Besser als Doping? Definitiv!“

– Amazon Kunde

Das Große 4 in 1 Buch vom Management-Trainer Matthias Brandt!

Wirksames Zeitmanagement wird in diesem Standardwerk neu definiert. **Profitieren Sie noch heute von Mindset Strategien der Top Profis, die Ihnen das Leben erleichtern und Ihre Konkurrenz tief in den Schatten stellt.** Verboten effektive Methoden aus der Psychologie – für Sie einfach und praxistauglich auf den Punkt gebracht.

ISBN: 978-1075798542

Matthias Brandt

… der neuen Persönlichkeitsentwicklung!

RHETORIK | SMALLTALK | SCHLAGFERTIGKEIT | SELBSTBEWUSSTSEIN

Das Große 4 in 1 Buch!

Wie Sie die Kunst der Kommunikation, der Körpersprache und selbstbewusstes Auftreten erfolgreich meistern

„Standardwerk für erfolgreiche Kommunikation - das wohl mächtigste Buch zum Thema."

– Amazon Kunde

Das Große 4 in 1 Buch vom Bestseller-Autor Julius Loewenstein!

Dieser Klassiker umfasst die vier Dauer-Bestseller von Julius Loewenstein.
In diesem Buch werden essenzielle Erfolgsstrategien gebündelt und ungekürzt in vollem Umfang wiedergegeben. Damit Sie das ganze Paket der Persönlichkeitsentwicklung für Ihren Erfolg aus einer Quelle beziehen und dabei kostengünstig auf wertvolles Praxis-Wissen zugreifen!

ISBN: 978-1073655007

Julius Loewenstein

Ihr exklusiver Bonus: Ein GRATIS Geschenk!

Sie möchten mehr? Mehr praktische Sachliteratur, die Sie wirklich weiterbringt? Dann haben wir die perfekte Lösung für Sie ...

ALS KLEINES DANKESCHÖN ERHALTEN SIE VOM VERLAG EIN KOSTENLOSES BUCH.

Das Gratis Ebook **„AUSSTRAHLUNG“** enthält für Sie ein bombensicheres 7-Schritte-System, mit dem Sie Ihre Anziehungskraft maximal erhöhen, Menschen für sich begeistern und in kürzester Zeit unerschütterliches Selbstvertrauen aufbauen.

GRATIS Buch „AUSSTRAHLUNG“

Sichern Sie sich Ihr Ebook jetzt unter:

bonus.julius-loewenstein.de

INHALTE AUS DEM KOSTENLOSEN EBOOK VON JULIUS LOEWENSTEIN:

- ★ Entdecken Sie das versteckt gehaltene Geheimnis charismatischer Menschen. Nutzen Sie es!
- ★ Mit diesem seltsamen Trick werden Sie sofort unwiderstehlich
- ★ Wie Sie Ihr Mindset auf Erfolg, Glück & Anziehung programmieren und ein Leben lang davon profitieren

Dieses Buch ist Ihr persönlicher Wegweiser zu Glück, Wohlstand und Erfolg. Sichern Sie sich jetzt Ihr Exemplar und profitieren Sie noch heute von einleuchtenden Erkenntnissen – für Sie lebendig auf den Punkt gebracht und praxistauglich aufbereitet.

Und Sie bereichern Ihr Leben dadurch vielleicht mehr, als Sie es je für möglich hielten.

AUSSTRAHLUNG

Wie Sie in 7 einfachen Schritten Ihre Anziehungskraft spielerisch leicht erhöhen - und nebenbei ein tiefes Selbstvertrauen aufbauen

Werden Sie noch heute zu einer selbstbewussten Persönlichkeit. Lernen Sie, andere für sich zu begeistern und sichern Sie sich jetzt Ihr persönliches Ebook!

Jetzt das Ebook kostenlos herunterladen!

bonus.julius-loewenstein.de

Über den Autor

Julius Loewenstein, geboren in Hamburg, ist ein aufstrebender Sachbuchautor im Bereich Lebensführung und Persönlichkeitsentwicklung.

Die Bücher von Julius Loewenstein zählen zu den erfolgreichsten ihrer Art. Seine präzisen Hilfestellungen haben bereits über 100.000 Leser erreicht, und vielen dabei geholfen in einem oder mehreren Lebensbereichen nachhaltige Verbesserungen zu erzielen.

Er vermittelt praxisbezogene Strategien, die auf bewährten Weisheiten und Gesetzmäßigkeiten fundieren. Es sind einfache Strategien, die seinen Lesern dabei helfen sollen, ihre persönlichen Ziele zu erreichen.

Amazon: Julius Loewenstein

Linkedin: Julius Loewenstein

Facebook: Julius Loewenstein

Instagram: juliusloewenstein

Printed in Germany
by Amazon Distribution
GmbH, Leipzig

23660968R00063